Giuseppe Flores d'Arcais

Die Erziehung der Person

Giuseppe Flores d'Arcais

Die Erziehung der Person

Aus dem Italienischen übersetzt von Winfried Böhm,
herausgegeben von Sabine Seichter

2017

Ferdinand Schöningh

Umschlagabbildung:
Giuseppe Flores d'Arcais (unter Verwendung eines Archivfotos)

Originaltitel:
Giuseppe Flores d'Arcais
Le ragioni di una teoria personalistica della educazione
(Editrice La Scuola, Brescia, 1987)

Bibliografische Information der Deutschen Nationalbibliothek

Die Deutsche Nationalbibliothek verzeichnet diese Publikation in der Deutschen Nationalbibliografie; detaillierte bibliografische Daten sind im Internet über http://dnb.d-nb.de abrufbar.

(Verlag Ferdinand Schöningh GmbH & Co. KG, Jühenplatz 1, D-33098 Paderborn)

Internet: www.schoeningh.de

Einbandgestaltung: Anna Braungart, Tübingen
Printed in Germany
Herstellung: Ferdinand Schöningh GmbH & Co. KG, Paderborn

ISBN 978-3-506-78611-1

INHALT

I. Historisch-kritische Voraussetzungen

II. Die vierfache Wurzel

III. Das begründende Prinzip

IV. DER PERSONALISTISCHE VORSCHLAG

IV. DER PERSONALISTISCHE VORSCHLAG

Zum personalistischen Denken von Giuseppe Flores d'Arcais

Eine Einführung von Sabine Seichter

Vor dem Hintergrund eines „kulturellen Pluralismus" erscheint eine pädagogisch-personalistische Perspektive von großem aktuellem Wert. Personalistische Theoretiker des 20. Jahrhunderts eint – im Gefolge des französischen Initiators Emmanuel Mounier (1905-1950) – das Betonen der einmaligen und unwiederholbaren Person gegenüber den die Person entmündigenden Bedrohungen technischer, ökonomischer, aber auch gesellschaftlicher und politischer Art. Programmatisch (und in der Folge zu erläutern) könnte man die Bedeutung des Personbegriffs für aktuelle erziehungsphilosophische Diskussionen und für die Probleme erziehungspraktischen Handelns mit Dieter Sturma so zusammenfassen: „Der Begriff Person ist die moderne Antwort auf die alte Frage nach dem Selbstverständnis des Menschen."[1]

Vor allem in Mouniers „Personalistischem Manifest" (franz. 1936: „Manifeste au service du personnalisme") und in seinem wegweisenden Essay „*Refaire la Renaissance*" finden sich, stark verdichtet, die konstitutiven Momente personalistischen Denkens, welche – historisch betrachtet – sich in zahlreichen personalistischen Theorietraditionen finden lassen. Ihnen allen gemeinsam ist der Rekurs auf die menschliche Würde, die Betonung der Alterität des Anderen sowie des Aufeinanderverwiesenseins im sozialen Raum.[2] Damit beinhaltet der Begriff der Person zentrale Merkmale modernen Subjektdenkens, und jenes (post-)moderne Denken macht auf konzise Weise deutlich, „dass in der abendländischen Moderne die Subjekte personalen Lebens von ihren Kontexten in sinnstiftender Hinsicht nicht entlastet,

---

1 Dieter Sturma (Hrsg.): Person: Philosophiegeschichte – Theoretische Philosophie – Praktische Philosophie, Münster 2011, S. 12.

2 Siehe allgemein: Stéphane Chauvier: Qu` est-ce qu`une personne? Paris 2003.

sondern belastet werden“[3]. Aufgrund der prinzipiellen lebensweltlichen Kontingenz handelnder Personen, ihrer notwendigen Verstrickung in kulturelle, gesellschaftliche und soziale Gefüge, sowie aufgrund ihrer Verpflichtung zum Aufbau praktischer Selbstverhältnisse, versteht sich der hier vorgelegte Theorieentwurf von Giuseppe Flores d'Arcais (1908-2004) weniger als eine fertige Systematik, sondern vielmehr als eine – im doppelten Wortsinne – Aufgabe.

Begibt man sich auf die historische Spurensuche nach der Bedeutung des Personbegriffs, so kann die Komplexität dieses Diskurses, welcher sich grundsätzlich einer kanonischen Erstarrung entzieht, kaum überschätzt werden. Demnach ist es nicht nur der bis in die Antike zurück verfolgbare Gedanke des Begriffs selbst, sondern es sind dann vor allem die darin impliziten zahlreichen Theorieverästelungen und damit einhergehenden Diskursivierungen, welche der Begriff in seiner rund 2500 Jahre alten Geschichte erfahren hat.[4] So war und ist personalistisches Denken als eine international[5] referierte Reaktion zu verstehen, „to perceived depersonalizing elements in Enlightment rationalism, pantheism, Hegelian absolute idealism, individualism as well as collectivism in politics, and materialist, psychological, and evolutionary determinism. In its various strains, personalism always underscores the centrality of the person as the primary locus of investigation.“[6] Angesichts dieser begriffsgeschichtlichen Vielfalt muss an dieser Stelle eingeräumt werden, dass das Sprechen von *einem* „Personalismus“ wenig zielführend ist. Aufgrund des sowohl in Intention als auch Funktion heterogenen personalistischen Denkens ist es laut Giuseppe Flores d'Arcais in der Tat angeraten, besser von „Theorien der Person“ zu sprechen, da es geradezu unmöglich erscheinen

---

3 Dieter Sturma: Philosophie der Person. Die Selbstverhältnisse von Subjektivität und Moralität, Paderborn 1997, S. 204.

4 Ralf Konersmann: Person. Ein bedeutungsgeschichtliches Panorama, in: Internationale Zeitschrift für Philosophie, (1993) Heft 2, S. 199-227 sowie Sabine Seichter: „Person“ als Grundbegriff der Erziehungswissenschaft. Zwischen Boethius und Luhmann, in: Vierteljahrsschrift für wissenschaftliche Pädagogik, 88 (2012) 2, S. 309-318.

5 Siehe dazu beispielsweise Identität und Person. Aufsätze aus der nordamerikanischen Gegenwartsphilosophie, hrsg. v. L. Siep, Basel 1983.

6 Thomas D. Williams/ Jan O. Bengtsson: Personalism, in: E. N. Zalta (Hrsg.): The Stanford Encyclopedia of Philosophy. http://plato.stanford.edu/archives/spr2014/entries/personalism/

muss, „von einer einheitlichen personalistischen Pädagogik" auszugehen.[7]

„Warum wählt man dann eine Theorie und nicht eine andere?"[8] Um die Intention des vorliegenden Buches auch in seiner wissenschaftstheoretischen Dimension zu verstehen, muss man sich die für den erziehungswissenschaftlichen Diskurs relevante Ausgangssituation vor Augen führen. Flores d'Arcais' Buch „*Le ‚ragioni' di una teoria personalistica della educazione*", welches erstmals im Jahre 1987 erschienen ist, kann gewissermaßen als eine Antwort auf die philosophisch-intellektuelle Situation im Italien seiner Zeit gelesen werden[9]. Es war vor allem der noch immer nachwirkende Neohegelianismus von Giovanni Gentile und Benedetto Croce, zu dem Flores d'Arcais mit seinem Theorieentwurf „Über die Gründe für eine personalistische Erziehungstheorie" ein Gegenmodell bieten wollte, das seine Grundannahmen und Begründungslogiken aus der Pädagogik selbst gewinnt und entfaltet: Nicht wie Gentile und Croce, die mit ihren streng idealistischen (genauer: neoidealistischen) Denkweisen zu einer Auflösung der Sozialwissenschaften beigetragen hatten und damit ein genuin pädagogisches Denken durch ein philosophisches Denken ersetzen wollten. In Giovanni Gentiles Hauptwerk „*Sommario della pedagogia come scienza filosofica*" von 1913 und 1914 (zwei Bde.) wird nicht nur die Pädagogik als eine eigenständige Wissenschaft aufgehoben, indem sie ganz und gar mit der Philosophie identifiziert wird, sondern – erziehungstheoretisch folgenreich – verschwindet mit diesem Denken auch die *konkrete* Person als Akteur und Adressat aus dem Zentrum von Erziehung und Bildung zugunsten einer idealistischen und objektiven Metaphysik.

Dagegen wandten sich Flores d'Arcais' wissenschaftliche Bemühungen und Auseinandersetzungen der Aufgabe zu, (wieder) ein genuin erziehungswissenschaftliches Denken in Theorie und Praxis zu kultivieren. Dieses dürfe nicht bloß zum Handlanger einer anderen Wissenschaft (auch nicht des aufkommenden Kritischen Rationalismus) instrumentalisiert werden, sondern müsse aus sich selbst heraus entfaltet werden, also „juxta propria principia". Es ist somit

---

7 S. 129 in diesem Buch. Wichtige theoretische Anleihen findet Flores d`Arcais über Themen wie Solidarität (Berdiajew), Kommunikation (Jaspers), Intentionalität (Husserl), Verstehen (Dilthey), Dasein (Heidegger), Entwurf (Sartre) und Wertethik (Scheler).

8 S. 150 in diesem Buch.

9 Siehe in diesem Zusammenhang Winfried Böhm/Guiseppe Flores d'Arcais (Hrsg.): Die italienische Pädagogik des 20. Jahrhunderts, Stuttgart 1979.

nicht nur die Befreiung aus der Bevormundung der einzelnen Person, welche mit einer personalistischen Theorie notwendig verbunden ist, sondern vielmehr wird damit gleichzeitig auch ein erziehungswissenschaftliches Denken initiiert, das sich begründetermaßen, und zwar aus einem geisteswissenschaftlichen bzw. kulturwissenschaftlichen Kontext, als ein primär pädagogisches ausweisen kann.

Ausgehend von der personalen Erfahrung von „Ich" und „Du", versucht Flores d'Arcais über eine „Phänomenographie" die Bedeutung des Menschen als Person deutlich zu machen. Über die Person, die sich – ganz im Sinne ästhetischer Grundannahmen – als und im schöpferischen Akt selbst mithervorbringt, zeigt Flores d'Arcais die Verwobenheiten, Bedingungen und Möglichkeiten einer personal gedachten Erziehung und Bildung. In seiner modellhaften Skizze (S. 74) versucht Flores d'Arcais die verschiedenen Dimensionen der Person (die personale Innerlichkeit, die soziale Relationalität, das kulturelle Erkennen und das gesellschaftliche Handeln) darzustellen, und macht dabei deutlich, dass *Person* weder statisch noch funktional, sondern prozessual und autonom gedacht werden muss. Die Aktuierung der Person, also die Bildung ihrer personalen Identität, kann hier weder rein naturalistisch (im Sinne einer biologisch-organologischen Entwicklung) noch rein gesellschaftlich (im Sinne einer kollektiven Sozialisation) gedacht werden. Die im Personbegriff implizierte „strukturelle Komplexität"[10] ist zwar durch konkrete naturhafte und gesellschaftliche Gegebenheiten im historischen Raum bedingt, das personale Subjekt vermag sich jedoch aufgrund seiner Fähigkeit zum aktiven und freien Handeln als Person im Kontext seiner Biographie zu aktuieren.

Mit diesem Modell folgt Flores d'Arcais der Grundintention Mouniers: In deutlicher Abwendung von einer Substanzontologie und in entschiedener Zuwendung zu einer im Renaissance-Humanismus entstandenen Metaphysik der Freiheit kann die Person als primum des Denkens und Handelns verstanden werden. In dem Postulat der Würde muss die Bestimmung der Person zur Selbstbestimmung gesehen werden, und dies freilich immer im Kontext der jeweils gegebenen Bedingtheiten.[11] Dies bedeutet: „Der Mensch lebt in der Dimension

---

[10] Dieter Sturma: Philosophie der Person. Die Selbstverhältnisse von Subjektivität und Moralität, Paderborn 1997, S. 204.

[11] Siehe dazu Julia König/ Sabine Seichter (Hrsg.): Menschenrechte. Demokratie. Geschichte. Transdisziplinäre Herausforderungen an die Pädagogik, Weinheim 2014.

der Möglichkeit, nicht der Notwendigkeit und folglich auch nicht in einer Welt der Tatsachen, die nicht anders sein könnten, als sie sind.“[12]

Die Person, die in anthropologischer Sicht – spätestens zum Zeitpunkt ihrer Geburt – Person ist und potentiell über die Fähigkeit verfügt, zu denken, mit anderen zu kommunizieren und frei zu handeln, und die teleologisch im Laufe von Erziehung und Bildung ihr Personsein zu entwerfen und zu verwirklichen hat, entzieht sich letztlich einer strengen Definition, welche sich – notgedrungen – stets mit objektiven (besser: objektivierten) Zuschreibungen zufrieden geben muss. Obwohl sein Denken als ein genuin personalistisches gesehen werden muss, gibt Flores d'Arcais immer wieder deutlich zu verstehen, dass es nicht *das* personalistische Denken geben könne. Das liegt hier nicht nur – wie oben angedeutet – an den differenten personalistischen Denktraditionen, aufgrund schon allein derer nicht von einer monadologischen Theorie gesprochen werden kann, sondern vielmehr an der Heterogenität der konkreten Personen selbst, die sich aufgrund ihrer Alterität wiederum einer allgemeinen und abstrakten Theorie entziehen. Demnach liegt laut Flores d'Arcais das Hauptinteresse seiner theoretischen Reflexionen in einem Verstehenkönnen und nicht in einem analytischen Erklären personaler Lebenswelten. „In der Tat muss man hier von Theorien bzw. von Theorieentwürfen reden, weil es um ein Verstehen und nicht um eine Erklärung der Person geht und weil dabei nicht analytisch-deskriptiv vorgegangen wird, sondern die Theorie als ein Vorschlag und als ein Angebot unterbreitet wird, das weiterer Untersuchung und Prüfung bedarf.“[13]

Diese Problematik und gleichzeitig die Vorzüge personalistischen Denkens hat vor allem die (von Grund auf personalistisch denkende) Philosophin Hannah Arendt in das Zentrum ihrer Analysen gestellt. In ihrem Buch „*Vita activa oder Vom tätigen Leben*“ heißt es: „Das unverwechselbar einmalige des Wer-einer-ist, das sich so handgreiflich im Sprechen und Handeln manifestiert, entzieht sich jedem Versuch, es eindeutig in Worte zu fassen. Sobald wir versuchen zu sagen, wer jemand ist, beginnen wir Eigenschaften zu beschreiben, die dieser Jemand mit anderen teilt und die ihm gerade nicht in seiner Einmaligkeit zugehören. Es stellt sich heraus, daß die Sprache, wenn wir sie als Mittel der Beschreibung des Wer benutzen wollen, sich versagt und an dem Was hängen bleibt, so daß wir schließlich höchstens Charaktertypen hingestellt haben, die alles andere sind als Personen, hinter

[12] S. 81 in diesem Buch.
[13] S. 58 in diesem Buch.

denen vielmehr das eigentlich Personale sich mit einer solchen Entschiedenheit verbirgt, daß man versucht ist, die Charaktere für Masken zu halten, die wir annehmen, um das Risiko des Aufschlusses im Miteinander zu verringern – gleichsam als schalteten wir eine Schutzschicht ein, um die bestürzende Eindeutigkeit des Dieser-und-niemand-anders-Seins abzudämpfen.“[14]

Die pädagogisch-anthropologische Erkenntnis des „Wer-einer-ist“ (H. Arendt) bedarf nach Flores d’Arcais vor allem der Methode der Hermeneutik und mit ihr der Kunst des Verstehens im Gegenzug zu einem mechanischen Erklären. Er schreibt: „Daher bedarf dieser Diskurs der Hermeneutik, damit sie, über die semiologische Bedeutung hinaus, den Sinn des Diskurses aufhellt. Die Argumentation hat Vorrecht gegenüber einer streng rationalen Vorgehensweise“.[15]

Im praktischen Kontext eröffnet sich das Verstehen (der eigenen und der anderen) Person nach Flores d’Arcais im Dialog, welcher nicht zu einer Methode verkürzt werden darf, sondern als Kultur des gemeinsamen Umgangs aufgefasst werden muss. Der unumgängliche „Pluralismus des Handelns“ bzw. der „kulturelle Pluralismus“[16] der Handelnden verpflichtet Personen zur gemeinsamen dialogischen Kommunikation und zum Austausch heterogener Argumente. Hier eröffnet sich der Raum zu Erziehung und Bildung einerseits und zum Aufbau moralischer Selbstverhältnisse andererseits. Die aufgrund der Beteiligung von Personen denknotwendige Kontingenz allen Erziehens lässt Erziehung und Bildung stets als ein Wagnis und Risiko verstehen, bedingt durch die prinzipiellen personalen Wahl- und Entscheidungsmöglichkeiten aller Beteiligten.[17] Dieses Risiko ist jedoch in einer personalen Theorie kein Negativum, sondern Ausdruck personalen Handelns selbst[18]: „Dasselbe gilt für die organisatorischen, die institutionellen und die curricularen Probleme, von denen ganz allgemein festgestellt werden kann, dass hier viel größerer Raum der Wahl- und Entscheidungsfreiheit zugestanden werden muss, und zwar zu

---

[14] Hannah Arendt: Vita activa oder Vom tätigen Leben, München [9]2010, S. 222f.

[15] S. 58 in diesem Buch.

[16] S. 154 in diesem Buch.

[17] Siehe dazu. Winfried Böhm: Der pädagogische Placebo-Effekt. Zur Wirksamkeit von Erziehung, Paderborn 2016.

[18] Siehe zur Bedeutung einer personal gedachten Handlungstheorie: Rolf Stoecker: Die Bedeutung des Personbegriffs für die moderne Handlungstheorie, in: D. Sturma (Hrsg.): Person. Philosophiegeschichte – Theoretische Philosophie – Praktische Philosophie, Paderborn 2001, S. 259-274.

Lasten des immer noch herrschenden (und die erzieherische Dimension erdrückenden) Konformismus."[19]

Das hier von Winfried Böhm ins Deutsche übersetzte Buch „*Le ‚ragioni' di una teoria personalistica della educazione*" (1987) zeigt auf erziehungsphilosophisch anspruchsvolle Weise auf, aus welchen Gründen der Ort von Bildung in der „Person" zu liegen hat und daher sowohl Bildung als auch Person nur innerhalb heterogener Ich-Welt-Relationen verstanden werden können. „Person" wird in der Argumentation von Giuseppe Flores d'Arcais als anthropologische Konstruktion gesehen, in der nicht nur die Alterität des Anderen (vgl. Theorien der Person), sondern vor allem auch die (bildungstheoretisch) unauflösbare Spannung zwischen Sein und Sollen zur Sprache gebracht wird. Wenn Flores d'Arcais die „Person" primär als ein Subjekt denkt, das nur in interpersonalen Beziehungen existieren kann,[20] so ist die Person selbst Produzent und Produkt transformatorischer Lern- und Bildungsprozesse.

---

19 S. 126 in diesem Buch.

20 Siehe dazu: Axel Honneth/ Beate Rössler: Von Person zu Person. Zur Moralität persönlicher Beziehungen, Frankfurt a.M. 2008 sowie Sabine Seichter: Pädagogische Beziehungsformen, in: Ch. Wulf/ J. Zirfas (Hrsg.): Handbuch Pädagogische Anthropologie, Wiesbaden 2014, S. 227-236.

Vorwort des Autors

Musikalisch gesprochen müsste man dieses Buch als ein „Thema mit Variationen“ und nicht als „Sonate“ bezeichnen, obwohl es in vier „Sätze“ gegliedert ist. Diese Form wurde bewusst gewählt, um der Gefahr vorzubeugen, eine allzu geschlossen systematische und logisch strenge Abhandlung über ein Problem abzufassen, das alles andere als abgeschlossen und scharf eingegrenzt und schon gar nicht als „erledigt“ gelten kann. Es geht um eine *Theorie der Erziehung,* und ich ziehe diese Bezeichnung heute dem herkömmlichen Terminus Pädagogik vor, den ich in meinen früheren Veröffentlichungen stets verwendet habe. Der Gedankengang, den ich hier vortragen will, knüpft sogar ausdrücklich an meine 1972 erschienene Schrift *„La mia pedagogia“ (*dt. *„Meine Pädagogik“)* an.

Der Titel der italienischen Originalausgabe dieses Buches lautet „Die Gründe für eine personalistische Erziehungstheorie“, und in der Tat will ich den interessierten Lesern *Gründe* darlegen. Nicht alle und nicht erschöpfend, wohl aber solche, die eine bestimmte Entscheidung und ein bestimmtes methodisches Vorgehen nahe legen. Es handelt sich genauer um solche „Gründe“, die einen eigenständigen Diskurs über die Erziehung im authentischen Sinne „begründen“ können.

Vorrangiges Thema des Buches ist die Suche nach einem *begründenden Prinzip.* Von diesem ist zu verlangen, dass es Apriorismen und Dogmatismen jeglicher Art möglichst vermeiden oder wenigstens auf ein Mindestmaß einschränken hilft. Vor allem muss es jedwedem Bestreben entgegenarbeiten, eine vollkommen logische Beweisführung liefern zu wollen, die ihre Strenge ohnehin nur innerhalb des eng gezogenen Umkreises ihrer eigenen Ausgangsvoraussetzungen bewähren könnte. Die Mathematik, die Jahrhunderte lang als die strenge Wissenschaft schlechthin angesehen wurde, hat das mehr als einmal deutlich gezeigt.

Unser Forschungsgegenstand ist die *Person,* und zwar die Person als PRIMUM, d. h. als Erstes. Sie ist das beherrschende Grundmotiv des Buches, und alle seine „Variationen“ kehren immer wieder darauf zurück (mögen die Rhythmen der einzelnen Variationen bisweilen auch als abschweifend anmuten). Unser Bemühen zielt darauf, ein möglichst vollständiges „Profil“ der Person zu zeichnen. Dabei werden wir uns mehr oder weniger unmittelbar mit zwei Denkansätzen auseinanderzusetzen haben, die wegen ihrer Zweideutigkeit und Unangemessenheit einer theoretischen Klärung dessen entgegenstehen, was das PROPRIUM, d. h. das spezifisch Eigentliche der Erziehung ausmacht.

Unsere ersten Variationen tragen der Notwendigkeit Rechnung, zunächst den Begriff der Person, besser müsste man sagen: *die Wirklichkeit der Person zu* klären. Das ist gegenüber einem falschen und verfälschenden Personbegriff erforderlich, wie er sowohl in der Alltagsrede als auch im wissenschaftlichen und philosophischen Sprachgebrauch vorkommt. Häufig genug spricht man nämlich von der Person, ohne die entscheidende Frage zu beantworten, ob die Person wirklich das PRIMUM, also das Erste darstellt, von dem man ausgeht, oder nur ein Abgeleitetes, das auf ein anderes Prinzip zurückzuführen ist.

Weitere Variationen richten sich darauf, den *Primat der Person* gegenüber Positionen des „Unpersonalen" zu verteidigen, wie sie im Laufe der Philosophie- und Wissenschaftsgeschichte zwar unter den verschiedensten Bezeichnungen aufgetreten sind, immer aber mit dem gleichen Anspruch, die „Objektivität" einer kosmischen Ordnung garantieren und „objektive" Gesetze für das menschliche Handeln aufstellen zu können. Solche Positionen haben sicherlich ein einheitliches und hierarchisch aufgebautes Wissen zu legitimieren vermocht, aber genauso sicher haben sie jene echte Autonomie verhindert, ohne die weder eine epistemologisch begründete Wissenschaft und erst recht nicht die menschliche Praxis auskommen kann. Die Jahrhunderte währende Knechtschaft der Pädagogik gegenüber Philosophie, Religion (Theologie), Politik und selbst der Wissenschaft (den Naturwissenschaften sowohl als auch den Humanwissenschaften gegenüber) kann dafür beredtes Zeugnis ablegen. Es erscheint uns heute endlich an der Zeit, mit aller Entschiedenheit jene Autonomie einzufordern, die der Erziehung als einem spezifisch menschlichen Handeln zukommt, und jene Eigenständigkeit einzulösen, die jeder Diskurs über die Erziehung beanspruchen muss, sofern er JUXTA PROPRIA PRINCIPIA geführt wird.

Die Person als das begründende Prinzip leitet uns zu einer dritten Folge von Variationen, die uns die Theorie der Erziehung als eine Brücke sehen lassen, die sich von einem Anfang – dem Subjekt der Erziehung; dem Ich, das erzieht und sich selbst erzieht – zu einem Ende spannt. Dabei darf dieses Ende freilich nicht als ein Schlusspunkt verstanden werden, wenn zutrifft, dass es in der Erziehung nicht (nur) darum geht, objektive „Ergebnisse“ und verifizierbare „Resultate“ zu produzieren, sondern den *Wert der Person zu* steigern oder – in der täglichen Umgangssprache ausgedrückt – die Person anzureichern, sie wachsen zu lassen, sie zu formen und zu bilden; wenn es also um die Bildung des Menschen als Menschen zu tun ist.

Was den Fortgang unserer Überlegungen betrifft, wird es sodann darauf ankommen, alles das zu bedenken, was es an Mitteln, Instrumenten, Techniken und Vorgehensweisen gibt, die man gewöhnlich unter dem Sammelbegriff der *Methodologie* zusammenfasst Mit dieser *Methodologie* erreichen wir jene dritte Ebene neben der *Anthropologie* und der *Teleologie* (mit ihrer Verzweigung in Axiologie und Deontologie), auf die sich eine Theorie der Erziehung notwendigerweise immer erstrecken muss. Wir haben deshalb wiederholt von der *notwendigen Dreidimensionalität* – Anthropologie, Teleologie und Methodologie – *der pädagogischen Theorie* gesprochen.

Wenn wir uns diesen methodologischen Fragen zuwenden – genauerhin jener Methodologie, nach der die Person verfährt, die zwar existentiell in sich geschlossen, gleichwohl aber den anderen zugewendet und dem Anderen gegenüber offen ist – werden wir das Augenmerk besonders auf jene Art von Vernünftigkeit (im Unterschied zu einer rein logischen Vernunft) lenken[1], deren sich die Erziehung immer dort bedient, wo es ihr um Überzeugung und um Konsens zu tun ist. An dieser Stelle unserer Überlegungen wird man die Gründe, die für eine Entscheidung zu einer personalistischen Theorie der Erziehung sprechen, noch besser verstehen können. Denn es wird sich zeigen, dass allein eine personalistische Erziehungstheorie den gefährlichen Klippen des Autoritarismus und des (naturalistischen) Spontaneismus, des Individualismus und des Kollektivismus, aber auch jenen eines puren Libertinismus zu entgehen vermag, indem sie das Prinzip der *Verantwortung* vertritt, ohne das es kein wirklich menschliches Handeln gibt. Dieser Frage wenden sich unsere letzten Variationen zu.

Diese erläuternden Vorbemerkungen dienen dem Zweck, die geneigten Leser darüber zu informieren, was sie von dem vorliegenden Buch erwarten können und was nicht. Über andere Probleme habe ich mich in den vergangenen rund fünfzig Jahren meiner akademischen Lehr- und Forschungstätigkeit ausgiebig verbreitet, vor allem in zahl-

---

[1] Der Autor spielt hier mit der im Italienischen möglichen Gegenüberstellung von ragionevolezza und razionalità. [Anm. d. Übers.]

losen Beiträgen zu der von mir gegründeten und im Verlag Giardini in Pisa erscheinenden mehrsprachigen Zeitschrift „*Rassegna di Pedagogia (Pädagogische Umschau)*“ und in meinem 1982 bei Edizioni Paoline in Rom herausgegebenen „*Nuovo Dizionario di Pedagogia*“. Auf diese und auf einige im Anhang genannte deutschsprachige Veröffentlichungen möchte ich gerne hinweisen.

Der Dialog zwischen Lehrer und Schüler, zwischen Autor und Leser ist für mich unabdingbar für eine jede Theorie der Erziehung. Mit besonderer Freude sehe ich es, dass dieser Dialog durch die deutsche Übersetzung meines Buches nunmehr auch über die Grenzen meines italienischen Sprachkreises hinaus ausgedehnt werden kann. Ich möchte deshalb an den Anfang der deutschen Ausgabe dieser Schrift einen Gedanken aus Martin Bubers „*Ich und Du*“ stellen: Möge die dialogische Beziehung das Ich beider Partner bereichern.

Padua/Würzburg
Giuseppe Flores d'Arcais

I. Historisch-kritische Voraussetzungen

1. Person und Personalismus

Wenn von *Personalismus* und nicht nur von der Person die Rede sein soll, sieht man sich unweigerlich auf Emmanuel Mounier und die 1932 von ihm gegründete Zeitschrift „*Esprit*“ verwiesen. Gleichwohl wäre es falsch anzunehmen, in diesem Autor und in dieser Zeitschrift habe sich der ganze historische Umfang und der volle theoretische Gehalt der personalistischen Bewegung erschöpft. Diese hat sich in Wirklichkeit viel breiter ausgedehnt und alles andere denn als einförmig dargestellt. Mounier selbst hat deutlich gemacht, dass er „und seine Freunde, indem sie leidenschaftlich an den zeitgenössischen Ereignissen Anteil nahmen, in der Person den Dreh- und Angelpunkt ihres Bezuges zu und ihrer Auseinandersetzung mit den Gegenwartsproblemen erblickt haben, und zwar mit einer nach konkreter Aktion verlangenden Bekennerhaltung und mit jener typisch französischen Neigung zu messerscharfer Diagnose und jenem cartesianischen Mut zum radikalen Rückgang auf einen einzigen Ausgangspunkt“.[1]

Es ist bekannt, dass die Bewegung um die Zeitschrift „*Esprit*“, an der neben anderen Jean Lacroix, René Biot, Paul-Ludwig Landsberg, Nikolai Berdiajew und auch Jacques Maritain mitgearbeitet haben, vor allem ein Beispiel christlicher Solidarität geben wollte, einer Solidarität, die nicht nur dem marxistischen Kollektivismus, sondern auch – und in gewisser Hinsicht noch mehr – dem kapitalistischen Individualismus bürgerlicher und reaktionärer Herkunft entgegengestellt werden sollte. Angesichts des gesellschaftlichen und politischen Chaos im Frankreich der dreißiger Jahre des 20. Jahrhunderts stellte sich die Zeitschrift bei ihrem Bemühen, einen neuen und tragfähigeren Humanismus zu begründen, bewusst in den historisch-politischen Kontext der Zeit, und sie suchte genau dort die Argumente für ihre eigene wissenschaftliche Rechtfertigung.

Das wird nicht nur von Maritain bestätigt, wenn er mit Nachdruck feststellt, „nichts wäre irriger, als vom Personalismus wie von einer

---

1 Armando Rigobello: Einleitung zu Il personalismo, Rom 1975, S. 7.

Schule oder einer Doktrin zu sprechen" (er selber freilich hat versucht, seinen Personalismus innerhalb der strengen Begrifflichkeit des thomistischen Realismus aufzubauen), sondern auch von Lacroix, für den der Personalismus mehr eine „hoffnungsvolle Erwartung" darstellt, und schließlich auch von Mounier, der zuerst eine Geisteshaltung bezeugen und nicht sogleich eine systematisch ausformulierte Lehrmeinung vortragen wollte.

Wer aber allein schon deshalb die Frage nach dem philosophischen Charakter des Personalismus rundweg abweisen wollte, der ließe außer Acht, dass der Personalismus, wie er sich heute darstellt, zwar mit Mounier und seiner Zeitschrift begonnen hat, seine aktuelle Gestalt aber in der Auseinandersetzung mit solchen zeitgenössischen Positionen und Denkströmungen immer neu gewinnt, die ohne Zweifel als philosophische zu gelten haben. Nur erstarrt diese Auseinandersetzung offensichtlich nicht zu einem systematischen und mit Totalitätsanspruch auftretenden Lehrgebäude. Wer aber nur davon die philosophische Dignität eines Denkens herleiten wollte, der übersähe zum einen Mouniers strikte Weigerung, sich irgendeiner Metaphysik klassischen Typs anzuschließen, der verkennte zum anderen aber auch die großen Schwierigkeiten, in die nach Hegel eine jede „Philosophie" geraten muss, die sich als abgeschlossene „Lehre" darstellt und für sich beansprucht, eine einheitlich-umfassende und organisch-geschlossene Erklärung der gesamten Wirklichkeit geben zu können.

Im Übrigen handelt es sich dabei nicht nur um eine Situation, die sich erst seit Hegel (dem letzten großen philosophischen System!) eingestellt hat, denn seit jeher hat sich die Philosophie sowohl als Lehre wie auch als ein Forschen, anders gesagt: als Wissen und als Fragen verstanden, und das Philosophieren wurde stets als ein Philosophie Betreiben bzw. Hervorbringen angesehen.[2] Darüber hinaus hat das 20. Jahrhundert etwas Neues ans Licht gebracht, und zwar jenes Quantum an Subjektivität und Relativität, das jedem Wissen eigen ist, welches sich als wissenschaftlich rechtfertigen will. Angesichts dessen wäre es geradezu abwegig, heute noch die Konstruktion eines philosophischen Systems für möglich zu halten, das sich anmaßen könnte, umfassend und erschöpfend sein zu wollen. Man wird also die philosophische Begründung des Personalismus auf jenem Terrain suchen müssen, auf dem sich heute andere Philosophien treffen, die gewiss nicht systema-

---

[2] Der Autor benutzt hier das italienische FILOSOFARE (= philosophieren), um anhand des darin enthaltenen FARE (= machen) den aktiv-produktiven Charakter der Philosophie zu verdeutlichen. [Anm. d. Übers.]

tisch und abgeschlossen sind, aber dennoch ein deutlich erkennbares Eigenprofil zeigen. Und es ist die Auseinandersetzung mit eben diesem Philosophieren – aber auch mit jenen systematischen Lehren der Vergangenheit, denen sich die Kritik so häufig zuwendet –, die es dem Personalismus gestattet, sich als Philosophie zu qualifizieren, nicht im Sinne von System, wohl aber als *Theorie*. Fügen wir noch hinzu: Gerade das vielfarbige Erscheinungsbild des Personalismus in verschiedenen kulturellen Umfeldern zwingt dazu, statt von Personalismus von Personalismen oder, wie wir es gleich näher erläutern werden, von „Theorien der Person" zu sprechen.

Die deutlich ablehnende Haltung gegenüber der klassischen Metaphysik[3] lässt den Personalismus aus den existentialistischen Strömungen der Gegenwart alles, was wertvoll erscheint, aufnehmen, ja sogar die Person ausdrücklich als eine „existentielle Wirklichkeit" charakterisieren, die sich in den Dimensionen von Raum und Zeit bewegt. Man wird also weder leugnen können, dass der Personalismus auf dem Nährboden des Existentialismus gewachsen ist, und noch weniger wird man bei ihm übersehen können, dass jede Spekulation immer vom Existierenden, ja sogar von einem bestimmten Existierenden ausgeht und über die Existenz in ihren Verflechtungen mit dem Ganzen nachdenkt.[4]

Das erlaubt nicht nur seine geschichtliche Einordnung, sondern führt vor allem dazu, die klassischen Auffassungen von der Person von den personalistischen Theorien unserer Zeit deutlich abzuheben, wobei die einen unlösbar mit jener kosmischen und/oder theologischen rationalen Ordnung verschweißt sind, welche die ganze Geschichte der Philosophie bis zum Beginn des 20. Jahrhunderts kennzeichnet; von diesem Gesichtspunkt aus seien wir, wie Stefanini gemeint hat, bis vor einigen Jahrzehnten mittelalterlich geblieben, und der Gedanke, die Schichten eines jahrhundertealten Weltbildes abzutragen, reiche nicht weit vor unsere eigene Generation zurück.

---

3 Man kann sich daher zu Recht fragen, ob sich die Perspektive Maritains wirklich personalistisch nennen darf.

4 Luigi Stefanini: Esistenzialismo ateo ed esistenzialismo teistico, Padua 1952, S. 4.

2. Der Primat der Person

Sören Kierkegaard hat die Hegelsche Position umgekehrt[5] und an die Stelle des Seins die Existenz gesetzt; diese wird bei ihm zum Protagonisten ihrer eigenen Lebensumstände und macht sich so zum „Lebensentwurf". Da aber Existieren Diskontinuität bedeutet, wird ein „qualitativer Sprung" notwendig, wo die Existenz – das Individuum – nicht von der eigenen Endlichkeit aufgezehrt werden soll. Genau dieser Sprung ist es, der für Kierkegaard die Person substanziell vom Individuum unterscheidet. Gewiss ist auch sie durch das Hier und Jetzt bestimmt, aber dennoch besitzt sie die Fähigkeit, sich für das Sein jenseits aller Begrenzungen der Existenz zu entscheiden. Von Kierkegaard her zeichnet sich dann eine dreifache Entwicklungslinie ab: die „russische Orthodoxie" – Dostojewski, Chestow, Berdiajew –, das deutsche spekulative Denken – Dilthey, Husserl, Scheler, Jaspers, Heidegger, aber auch Barth und Nietzsche –, und die französische Kritik in ihrer Verzweigung mit Sartre, Camus, Merleau-Ponty auf der einen, Péguy, Claudel, Marcel auf der anderen Seite; in der unmittelbaren Auseinandersetzung mit dem Neoidealismus, dem Intuitionismus, dem Spiritualismus und der Lebensphilosophie und in der ausdrücklichen Konfrontation mit den konkreten Problemen der geschichtlichen Wirklichkeit baut sich der Personalismus auf und differenziert sich zu vielfältiger Gestalt, wobei jedoch als gemeinsame Wurzel der *Primat der Person* erhalten bleibt.

Es soll nicht ausgeschlossen werden, dass es gewisse Berührungspunkte zwischen den modernen Theorien der Person und jener „klassischen" Definition der Person gibt, die man bei Boethius findet und auf die so unendlich viele philosophische Spekulation und, um die Wahrheit zu sagen, nicht immer korrekte philologisch-interpretierende Mühe verwendet worden ist[6]. Dennoch muss man deutlich feststellen, dass der Personalismus ohne die Wissenschaftskritik und ohne das philosophische Denken der letzten hundert Jahre schwerlich in seiner heutigen Eigengestalt hätte entstehen können und bis heute vielleicht nur eine recht vage „Sorge" der Pädagogik geblieben wäre. Wie wollte man auch bestreiten, dass sich die Erziehung, wenn das Wort einen

---

5 Vgl. dazu u. a. Karl Löwith: Von Hegel zu Nietzsche. Der revolutionäre Bruch im Denken des 19. Jahrhunderts, Zürich 1941, Hamburg [7]1978.

6 Die berühmte Definition des Boethius lautet: „PERSONA EST NATURAE RATIONABILIS INDIVIDUA SUBSTANTIA." Zum Personbegriff vgl. den einschlägigen Artikel in meinem Nuovo Dizionario di Pedagogia, Rom 1982, Sp. 974 ff.

Sinn haben soll, immer auf die menschliche Person bezieht (und gewiss nicht auf das Animalische und auch nicht auf jene menschliche „Natur“, auf die uns Lehrmeinungen naturalistischer, soziologisch-historischer oder empirisch-vertragstheoretischer Art gerne verweisen wollen)? Uns geht es hier um die zentrale Frage, ob „Person“ solchermaßen und wirklich ein PRIMUM, ein *Erstes* darstellt oder ob sie bloß ein Derivat von etwas anderem ist, wie es Kollektivismus und Relationismus behaupten.

3. Die Existenz als Entwurf

Mounier wollte bekanntlich einen dritten Weg zwischen Kollektivismus und Individualismus einschlagen. Ein Personalismus, der sich nicht in bloßen Allgemeinheiten ergehen will, muss deshalb als erstes Charakteristikum oder als Grundbedingung seinen Ausgangspunkt bei der geschichtlich-existentiellen Wirklichkeit des Menschen, mehr noch des konkreten Menschen nehmen. Freilich denkt der Personalismus nicht nur existentialistisch, d. h. er betrachtet die Person nicht nur als dem Gesetz der Raum-Zeitlichkeit unterworfen, in welcher der ständige Fluss des Wirklichen unweigerlich ihr Fortbestehen und ihr Fortdauern zerstören würde. Wenn es um die Klärung der personalen Wirklichkeit geht, dann mag es durchaus nützlich sein, sich auf das Individuationsprinzip der Scholastik und insbesondere auf seine Ausformulierung durch Thomas von Aquin zu besinnen. Gleichzeitig hat man dann aber von vornherein darüber zu wachen, dass dieses Prinzip nicht wieder, sei es direkt oder indirekt, von der Universalität des Seins (oder dem universalen Sein) aufgesogen wird. Ein solcher Standpunkt könnte logisch nur zu einem Immanentismus nach der Art Spinozas führen, und er hätte zur Folge, dass die Person zu einem bloßen Seinsmodus verkümmert. Man muss also sorgfältig beachten: der Personalismus fügt sich in eine Metaphysik des Konkreten, nicht dagegen in eine Metaphysik des Seins. Und ebenso wäre es ohne die kritische Revision der Hegelschen Geistphilosophie nicht möglich gewesen, den Boden für die Entwicklung von „Theorien der Person“ zu schaffen.

Eine solche kritische Revision hat stattgefunden, und zwar in zwei (im Übrigen eng miteinander verbundenen) Richtungen: Zum einen wurde jeder Versuch einer totalisierenden Weltauslegung (z. B. das Sein als Werden) zurückgewiesen, und zum anderen wuchs die Einsicht in die Unzulänglichkeit eines allein logisch-rationalen (also syllogistischen) Paradigmas bei der Auslegung einer Wirklichkeit, die für sich beansprucht, auf diese oder auf jene Weise innovativ zu sein. Dem All-logisch-Rationalen wird heute das Konkret-Nichtlogische (am Ende Irrationale, in jedem Falle aber Sub- oder Außerrationale) gegenübergestellt.

Den historischen Ausgangspunkt für ein personalistisches Denken markiert also Kierkegaard, insofern es ihm darum geht, das konkrete existentielle Menschsein zu erfassen, das allein Kontingenz und Freiheit möglich macht. Das Sein dagegen ist immer ganz und ausschließlich Rationalität und demzufolge Notwendigkeit: eine apriorisch gegebene Ordnung, der sich die einzelnen unterordnen und in die sie sich eingliedern müssen. Nur in dem Augenblick, in dem sich die Existenz hervorbringt, gibt es auch das Ewige, das vorher für sie nicht da war: „Mein Leben könnte vor der Anerkenntnis meiner zeitlichen Existenz, die von dem Augenblick an aufbricht, da für mich die Endlichkeit Ausdruck der Ewigkeit wird, überhaupt nicht sein.“[7]

Die Einzigartigkeit und Einmaligkeit der Person ist das PRIMUM einer jedweden personalistischen Position; und daher setzt sie nicht Kategorien, sondern ist selbst Kategorie. Darin jedenfalls liegt eine Grundüberzeugung des Personalismus. Nur dadurch ist es möglich, sich aus den logischen Netzen des Immanentismus und des Pantheismus zu befreien: nämlich durch die Fähigkeit, sich in der ersten Person auszudrücken. Von daher wird deutlich, dass überall dort, wo der existentielle Charakter des Ich lediglich aus einer Negation des Seins heraus begründet wird – mag es dabei um Gott, um die Welt oder um die anderen: die „Öffentlichkeit“ gehen –, nur das Individuum, aber noch nicht die Person zum Vorschein kommt. Das führt, wie bei Kierkegaard, entweder zu einem Abgrund zwischen Mensch und Gott (und folglich zu der Notwendigkeit eines qualitativen Sprungs vom Endlichen zum Unendlichen, und zwar ausschließlich über den Glauben) oder aber zu einer völligen Leugnung des Seins und zur Leugnung Gottes, wie es etwa durch den Übermenschen Nietzsches oder durch das geschichtliche und zeitliche Ich Heideggers geschieht, des-

---

[7] Enzo Paci: L'esistenzialismo, Padua 1943, S. 21.

sen Endlichkeit allein als ein Leben auf den Tod hin und somit als ein „Enden“ zu begreifen ist. Im einen wie im anderen Falle halten es jedoch weder Nietzsche noch Heidegger für möglich, die Existenz in einer Weise einzuengen, dass ihr keinerlei Raum mehr zum Atmen oder zur Ausdehnung bleibt. Sei es, dass es sich nun um ein *nichtendes* „Nichts“, oder dass es sich um einen Willen handelt, der unaufhörlich über sich selbst hinausstreben muss; beide Male geht es um ein Sich-Öffnen zur Transzendenz hin, um das Sich-Behaupten eines Dauerhaften – der Tod oder das Übermenschliche –, das an die schwankende Stelle des flüchtig Vergänglichen tritt.

4. Die Intentionalität der Person

Man mag von daher den Protest verstehen, den Ivan Iljic gegenüber der Unausweichlichkeit des Todes erhebt, wie ihn Leo Tolstoj meisterhaft beschrieben hat, und man mag von daher auch die problematische Konflikthaftigkeit des Menschen bei Dostojewski begreifen (ein Autor, der richtigerweise zu den Existentialisten gerechnet wird, und zwar nicht nur wegen der thematischen Tiefe, bis zu der er das Drama der menschlichen Situation auslotet, sondern auch, weil er jede Möglichkeit einer endgültigen und/oder rein logischen Antwort ausschließt). Wenn Dostojewski jenseits des banalen und von oberflächlichen Lösungen (oder leichtfertigen Kompromissen) verführten Menschen den „wahren“ Menschen sucht, so tut er das nicht nur ohne religiöse Rücksichten, sondern ausdrücklich im Dunstkreis jenes Nietzscheschen „Gott ist tot“, das dieser bekanntlich in polemischer Absicht dem „bürgerlichen“ und „bürokratischen“ Menschen und seiner ausschnitthaften (und gerade darum antihumanen) beruflichen Kompetenz entgegenschleudert. Aber bei dem einen wie bei dem anderen kehrt ihr Existentialismus die individualistische Seite hervor und folglich das Sich-Abkapseln des einzelnen gegenüber dem Anderen.

In die entgegengesetzte Richtung bewegt sich der russische Existentialismus, der sich mit Beharrlichkeit auf Dostojewski beruft, einem christlichen Liebesverständnis folgt und sich explizit zu einem sozialen Personalismus hin öffnet. Dabei geht es nicht nur darum, ein Band zwischen dem Ich und dem Anderen zu knüpfen, sondern über die sozioökonomisch-politische Verbundenheit hinaus den Sinn der menschlichen Solidarität als Gemeinschaft, als Partizipation und als Engagement von Menschen zu fassen, die eine gemeinsame Geschichte verwirklichen, welche sich auf Gott zubewegt und Werte hervorbringt: die Wahrheitserkenntnis des einzelnen wird dabei von dem Grad an Gemeinschaftlichkeit abhängig gemacht, die zwischen den Menschen besteht, und von ihrer gemeinsamen geistigen Verbundenheit. Die Kommunikation zwischen den einzelnen Existierenden, der Berdjajew seine besondere Aufmerksamkeit zuwendet, führt ihn zum deutschen Denken zurück, vor allem zu Karl Jaspers. Enzo Paci meint: „Nikolai Berdjajew war der erste europäische Existentialist, und er war es bereits, als das Wort Existentialismus noch gar nicht geboren war. Aber sein Existentialismus wurde sich seiner selbst erst im Kontakt mit dem deutschen Denken bewußt."[8]

Der Bezug zu Karl Jaspers ist ein ganz wesentlicher, denn in seiner Philosophie gewinnt die Frage nach der Kommunikation zwischen den einzelnen Existierenden fundamentale Bedeutung. In seinem Willen zur Kommunikation öffnet sich der Mensch für die Wahrheit, die völlige Transzendenz ist. Ohne diese Öffnung isoliert sich der einzelne und fällt in das Nichts; umgekehrt kann er sich auf gleiche, oder besser: auf analoge Weise in der gesellschaftlichen Objektivität und/oder Subjektivität verlieren. Man kann dieses Verschwinden des Menschen in der Masse nur vermeiden, indem man die Gesellschaft als eine Pluralität von Personen und als ein Beziehungsgeflecht zwischen Ich und anderen denkt und gestaltet.

Als noch wichtiger erweist sich der Beitrag, den die Phänomenologie Husserls zu den personalistischen Grundanschauungen geleistet hat. Dabei hat Max Scheler wie ein Filter gewirkt, sei es die Thematik der Intentionalität – das Sich-Öffnen zum anderen hin – oder sei es die ethisch und pädagogisch noch brisantere Thematik der Werte, die zwar „außerhalb des Bereichs des Intelligiblen liegen, aber deshalb nicht weniger ewig und apriorisch sind als logisches Seiendes".[9] Auf der Grundlage der strengen phänomenologischen Unterscheidung zwischen Tatsachen und Wesen enthüllt sich nicht nur die Eigenart der Intentionalität, sondern man erhält auch jene fundamentale Klassifikation der Werte, Zwecke, Güter und Ziele, wo „die Werte fühlen

8 Enzo Paci: A. a. 0., S. 59.

9 Giulio Alliney: La morale di Scheler e la fenomenologia di Husserl. Einführung in die italienische Ausgabe von Max Scheler: Il formalismo nell'etica e l'etica materiale dei valori, Milano 1944, S. 13.

nicht bedeutet, sie besitzen zu wollen; in dem Augenblick, in dem dieses Streben erwächst, wird der Wert als Zweck genommen"; und weiter: „Wenn die Werte ewige Essenzen sind, die durch ein apriorisches (emotionales) Fühlen gegeben werden, ist es notwendig, sie auf das genaueste von den Gütern, aber nicht weniger auch von den Zwecken unterschieden zu halten".[10] Auf dieser apriorischen Unabhängigkeit der Werte baut sich ihre hierarchische Anordnung auf – die Wertreihe des Angenehmen, die vitalen Werte, die geistigen Werte, die Werte des Heiligen –, und infolgedessen verändert sich mit dem Variieren ihrer apriorischen Intuition „auch die alles bestimmende Pflicht des Augenblicks."[11]

Das Verhältnis von Existenz und Sein verändert sich kraft der Intentionalität in Beziehung auf den Wert; und so öffnet sich der Zugang zum Begriff der *Person* als der das Bewusstsein überschreitenden *Einheit von intentionalen* (nicht schon Willens-) *Akten.* Aber da die „höchsten intentionalen Akte Akte der Liebe sind (ohne die es weder das Sich-Sorgen noch eine Präferenz der Werte geben könnte)", folgt daraus, dass sich die Person vom Ich (das emotionale Zustände erlebt, nicht aber Akte setzt) unterscheidet, und zwar durch die Liebe. Aus dem Liebesvermögen einer jeden Person leitet sich ihre mehr oder weniger breite Werterfassung ab: Jede Person „hat ihre je eigene Lebensvollkommenheit, die wiederum von ihrem Liebesvermögen her vorgezeichnet ist".[12] Dies zwingt uns sogleich, näher zu bestimmen, was man unter der Vervollkommnung der Person zu verstehen hat, denn eine Anreicherung ihrer Liebesfähigkeit erscheint schwerlich denkbar. Indem Scheler auf die bereits angeführte Unterscheidung zwischen Werten, Zwecken, Gütern und Zielen rekurriert, macht er verständlich, wie das axiologische Problem sich insofern vom deontologischen unterscheidet, als dieses sich, im Unterschied zu jenem, auf den Übergang von der idealen zur realen Ordnung bezieht und sich auf den Bereich des Empirischen einlassen muss.

Wir werden auf den Schelerschen Diskurs über die Person weiter unten erneut eingehen. Für den Augenblick mag es genügen, an das Bemühen Schelers zu erinnern, in der Person „eine über allen ‚Preis' erhabene ‚Würde'"[13] aufzusuchen und aufzuzeigen, was ihm allein

---

10 Ebda., S. 17.
11 Ebda., S. 20.
12 Ebda., S. 23 u. S. 25.
13 Max Scheler: Der Formalismus in der Ethik und die materiale Wertethik, Halle a. d. Saale 1916, S. 384.

über eine „Desubstanzialisierung“ des Personbegriffs und über eine „Desubjektivierung“ rationaler Akte möglich erscheint: „Person ist vielmehr die unmittelbar miterlebte Einheit des Erlebens – nicht ein nur gedachtes Ding hinter und außer dem unmittelbar Erlebten.“[14]

5. Es oder Du

Die Probleme des Verstehens des geistigen Lebens – die das vorrangige Problem der „Werte“ nicht außer Acht lassen können – führen unvermeidlich zu der Geisteswissenschaft und damit auf das Denken Diltheys zurück. Seine Unterscheidung zwischen Naturwissenschaften und Geisteswissenschaften und dementsprechend zwischen *Erklären* und *Verstehen* bahnt einerseits der Hermeneutik und der Deutung der menschlichen Geschichte in ihren Auswirkungen den Weg und führt andererseits zu einer klaren Absage an die bloße philosophisch-idealistische Spekulation und zur Suche nach einer epistemologischen Grundlegung der Wissenschaften vom Menschen. Diese nehmen den Menschen nicht als ein „Objekt“, das entweder mit Methoden des logischen Denkens erkannt oder mit wissenschaftlichen Mitteln bearbeitet werden könnte.

„Im Gegensatz hierzu ist die Beziehung des Ich zu dem Du die Beziehung zweier Wesen, die einander in grundsätzlicher Gleichberechtigung gegenüberstehen und von denen keines es verträgt, der Gegenseite als ‚Objekt‘ der erkennenden Analyse und der zweckgeleiteten Bearbeitung unterworfen zu werden. An Stelle der Objekterkenntnis tritt das Verstehen, das das Gegenüber in seiner Eigenständigkeit anerkennt und sich in seine Eigenheit ‚hineinzuversetzen‘ sich bemüht.“[15] Hier wird die Nähe deutlich, die zwischen der Erziehung und der Liebe besteht, „der gleichfalls nichts ferner liegt, als das Gegenüber in die Stellung des Objekts herabdrücken zu wollen“.[16]

Es ist stets das Problem des Anderen, welches sich vom gesellschaftlichen Gesichtspunkt her als zentral und von pädagogischer Perspektive her als grundlegend herausstellt, sobald man die Person im Hinblick auf ihre Vervollkommnung ins Auge fasst. Aber

[14] Ebda., S. 385.
[15] Theodor Litt: Führen oder Wachsenlassen, Stuttgart [11]1964, S. 112.
[16] Ebda., S. 113.

ist der Gedanke eines Fortschritts (also die bereits erwähnte Intentionalität) überhaupt gerechtfertigt und begründet, und entbehrt ein solcher Ansatz nicht jeglichen Sinns? Wenn der christliche Existentialismus in Frankreich im Anschluss an das christliche Denken Berdjajews ausdrücklich die Öffnung zum Anderen hin bekräftigt und damit von neuem das Dasein an das Sein bindet – und die Person wird so zum Ort dieser Anbindung –, so sind neben Mounier Paul Claudel und Gabriel Marcel dafür die herausragenden Kronzeugen.

„Die Existenz ist immer und in jedem Augenblick eine Wahl: Wahl des Seins oder Wahl seines Gegenteils, des Habens; Wahl des Sich-zur-Person-Machens (Du) oder Wahl des Sich-Verdinglichens (Es); Wahl des Verstanden- oder Wahl des Erklärtwerdens. Damit haben wir nicht nur die Möglichkeit, die Person als Wert zu begreifen, sondern auch eine Bestätigung dafür, dass die Person nur sich selbst gehört und folglich auch das Kind ein Subjekt, nicht eine RES SOCIETATIS, eine RES FAMILIAE oder eine RES ECCLESIAE ist, genauso wenig aber nur reines Subjekt oder vereinzeltes Subjekt“. Diese berühmten Worte Mouniers lehnen nicht nur den Individualismus – der sich kohärenterweise immer zum Solipsismus verengt –, sondern auch jenen Idealismus der reinen Subjektivität ab, von dem der italienische Personalismus seinen kritischen Ausgangspunkt genommen hat.

6. Metaphysik der Person

Mit aller Klarheit hat Armando Rigobello[17] aufgewiesen, dass der – zumindest der italienische – Personalismus als Überwindung der Krise des Neoidealismus von Benedetto Croce und noch mehr jenes von Giovanni Gentile angesehen werden muss, und er artikuliert sich entsprechend der Interpretation, die von jener Krise gegeben wird: „Entweder zielt diese Überwindung darauf, die idealistische Transzendenz in einen geisteswissenschaftlichen Personalismus aufzulösen, oder es geht ihr um die volle Verwirklichung des Transzendentalismus, indem dieses Transzendente personifiziert und existentialisiert wird.“ Diesen zweiten Weg ist Ar-

[17] Armando Rigobello: A. a. 0., S. 47 ff.

mando Carlini gegangen, für den „der Mensch ein lebendiges Problem ist, nämlich der fortwährende Versuch, mit sich selbst identisch zu werden, während er doch unaufhebbar mit sich selber uneins ist".[18]

Carlini geht tatsächlich so weit zu sagen: „Wenn das Ich reine Innerlichkeit werden will, muss es die Welt in Klammern setzen und die Grenze überschreiten, d. h. sich in die Transzendenz, in Gott hinüberbegeben; dort findet es jenes Ich, in dem das menschliche Ich wurzelt, und jenen Ausgleich, nach dem seine eigene Unausgeglichenheit verlangt".[19] Die Erkenntnis, dass es dort ein „Ich" gibt, „in dem das menschliche Ich wurzelt", gestattet es, dem menschlichen Personsein ein Fundament zu geben, wenn auch nur vermittels der Transzendenz. Im Hinblick auf den Neoidealismus und Aktualismus Gentiles erscheint es höchst bemerkenswert, dass hier der Akt substantialisiert und folglich zur Person wird, und zwar deshalb, damit das Problem nicht unlösbar bleibt, wie der Mensch sich selbst zur Frage machen kann. Es ist in der Tat „der Begriff der Person als Existentialisierung der Transzendenz", welcher Carlini dazu bringt, den Aktualismus Gentiles in „personalistischer und existentieller" Weise zu überdenken. Daraus erwächst „die Position Carlinis, die darum so beispielhaft ist, weil sie ihre personalistische Perspektive in dem spekulativen Kontext der großen philosophischen Tradition gewinnt. (…) Die Tatsache, dass die Position Carlinis schon vorher (d. h. vor jener Nachkriegszeit, in welcher der Zusammenbruch des Aktualismus allen offenkundig wurde) ausreifte, ist sehr bedeutsam für eine theoretische Kennzeichnung eines Personalismus, der nicht unter dem Druck gesellschaftlicher und politischer Erfahrungen geboren wurde, auch wenn ihm solche als Hintergrund gedient haben mögen."[20] Es ist zwar richtig, dass Carlini niemals den Begriff Personalismus gebraucht hat, aber dennoch wird von ihm unzweifelhaft die ganze Thematik des Personalismus in aller ihrer Dramatik und Herausforderung aufgespannt.

Die Kritik am Neoidealismus ist auch für das Denken Luigi Stefaninis bestimmend, auch wenn er von einem „christlichen" Idea-

---

[18] Vgl. meine Interpretation der Position Carlinis und vor allem seines Buches von 1934 La religiositá dell'arte e della filosofia in meiner frühen Schrift Il valore educativo dell'arte, Padua 1936, S. 116 ff.

[19] Armando Carlini: La religiositá dell'arte e della filosofia, Florenz 1934, S. 160 und passim.

[20] Armando Rigobello: A. a. 0., S. 53.

lismus ausgeht, der dann zu einem „christlichen Spiritualismus“[21] wird. Diese Kritik beherrscht auch methodologisch jene „Metaphysik der Person“, die Stefanini der aus der thomistischen Tradition überkommenen Metaphysik des Seins entgegenstellt. Noch stärker und nachdrücklicher als die Schrift *„Esistenzialismo ateo, esistenzialismo teistico“* von 1952 kommt diese Metaphysik der Person in den unmittelbar nach dem Zweiten Weltkrieg begonnenen und bis zum Tode Stefaninis (1956) auf den Kongressen von Gallarate (Italien) weitergeführten Diskussionen zum Tragen[22]. In der erwähnten Schrift stehen bereits die Sätze „Der erste Kontakt, den das Ich mit sich selbst hat, bestätigt ihm, dass das Bewußtsein immer einzelnes Bewußtsein und Bewußtsein eines einzelnen ist. Das Sein begegnet mir als mein Sein“[23]. Ihren publizistischen Niederschlag hat sie dann gefunden in seinen Büchern *„Metafisica della persona“* von 1950 und dem posthumen *„Personalismo filosofico“* von 1962. Stefanini kämpft gegen zwei Positionen an: Erstens ist dies jene, „Sein und Denken als zwei phasenverschobene Elemente zu betrachten, von denen eines dem anderen nachrennt – das Denken, um sich am Sein zu sättigen, und das Sein, um sich vom Denken betrachten zu lassen“; zweitens „ist es jene doppelte Gefahr, entweder in einen Realismus zu verfallen, der das Denken für etwas Untergeordnetes hält, sei es für etwas Irrationales, sei es für ein Epiphänomen oder sei es für einen Überbau des Seins, oder aber in einen Idealismus oder Logizismus, der das Sein in dem Kreisen des Denkens um sich selbst verglühen läßt“. Ihnen stellt er die Erkenntnis entgegen, dass, „wenn man im Gehäuse des transzendentalen Ich eingeschlossen bleibt und aus dem Ich nichts anderes als die Form seiner empirischen und hinter ihrer bloßen Erscheinung inkonsistenten Inhalte macht – also das tut, was ich, den Sinn des Kantischen Ausdruckes auf den Kopf stellend, als illusorisch Transzendentales bezeichne –, man verkennt, was uns die psychische Erfahrung lehrt, und den Sinn des Geistigen in seiner Absolutheit verliert“.[24] Als Fundament und Ausgangspunkt einer jeden Theorie der Person drängt sich so die Auseinandersetzung des Ich mit sich selbst

---

[21] Spiritualismus sollte hier nicht als sektiererische Religiosität verstanden werden, sondern als eine allgemeine Position, die vom Primat des Geistigen ausgeht. Eine andere Übersetzung als die Eindeutschung des italienischen Begriffs wäre problematisch gewesen. [Anm. d. Übers.]

[22] Man vergleiche dazu die jährlich erschienenen Kongressberichte. Einen zusammenfassenden Überblick gibt C. Giacon: Il movimento di Gallarate, Padua 1955.

[23] Luigi Stefanini: A. a. 0., S. 53.

[24] Luigi Stefanini, in: La mia prospettiva filosofica, Padua 1950, S. 209.

in seiner konkreten Erfahrung auf – „ich verstehe hier unter Erfahrung alles, was auf der Ebene des Bewußtseins festgestellt werden kann – wobei ich für das Sein nur insofern Kompetenz gewinne, als ich das, was das Sein in mir selbst ist, beobachte".[25]

Tatsächlich ist der Ausgangspunkt des Personalismus von Stefanini die Kritik an einer Objektivität, die in dem Maße, in dem sie unpersönlich ist, niemals auf legitime Weise das personale Ich begründen kann. Dabei ist es unwichtig, ob diese Objektivität der *Weltgeist* Hegels oder der *Akt* Gentiles oder das *Sein* der klassischen Metaphysik ist. Das Verfahren, dessen sich die Kritik bedient, kann verschieden sein, aber ihre Stoßrichtung ist bei beiden Positionen, und seien sie gleich einander antithetisch zugeordnet – Idealismus und Realismus –, die gleiche: sie wendet sich gegen jenes objektiv Reale, das sie entweder als gegeben hinnehmen oder voraussetzen, in beiden Fällen aber notwendig als apriorisch betrachten. „Das Denken der Neuzeit hat den Menschen nicht an die Stelle Gottes gesetzt; es hat vielmehr an die Stelle des Menschen und an die Stelle Gottes eine unpersönliche Logizität gesetzt, welche die individuellen Züge der Person als empirische Momente an der Universalität des Begriffs in sich selbst aufsaugen möchte. Derart ist der absolute Geist Hegels, derart ist das Ich Fichtes. Das zeitgenössische Denken revoltiert gegen das neuzeitliche Denken zugunsten der Person, die durch den dialektischen Logizismus erniedrigt worden ist; aber die fehlende Eingliederung der Rationalität in das innere Gefüge der Person gestattet der jüngsten Philosophie nichts anderes als ein Zerblättern des menschlichen Bewußtseins, das sich von selbst aus aufspaltet und auflöst, und zwar gerade deshalb, weil es sich in seiner Irrationalität behaupten will."[26] Genauso entschieden weist Stefanini die überkommene Metaphysik des Seins zurück, wie sie ihm in Gallarate vor allem in ihrem herausragenden Vertreter Gustavo Bontadini begegnete. Stefanini argumentiert folgendermaßen: „Im wesentlichen besteht sein (scil. Bontadinis) Verfahren darin, aus der konkreten Erfahrung die Idee des Seins als ein allen Erfahrungen gemeinsames Transzendentales herauszuziehen, um es dann mit Positivität anzureichern – das hingegen müsste als Transzendentales frei von jeder Bestimmung bleiben, die nicht die seines empirischen Inhaltes wäre – und es schließlich derart mit positiven Attributen und Qualifikationen zu überfrachten, bis daraus das Wesen

---

[25] Ebda., S. 205 und 207.

[26] Luigi Stefanini, in: Ricostruzione metafisica. Atti del IV Convegno di Gallarate, Padova 1949, S. 27.

Gottes – geistig, personal, *transzendent,* schöpferisch etc. – herauskommt.“[27]

Was treibt uns dazu, fragt Stefanini, eine solche logische Abstrahierung vorzunehmen, wenn man umgekehrt von einer ersten vollen Erfahrung ausgehen kann, nämlich von der Konkretheit der menschlichen Person?

Eine Revision des Aktualismus, eine kritische Würdigung des Existentialismus und die These von der Unangemessenheit der überkommenen Metaphysik des Seins sind also die Grundbausteine, auf denen der italienische Personalismus beruht (wobei auch der Rekurs auf das Denken Antonio Rosminis nicht unerwähnt bleiben darf). Diese Grundbausteine finden ihre Entsprechung in den (nord-)amerikanischen personalistischen Theorien von Edgar Sheffield Brightman und William Ernest Hocking, während sich mit Martin Buber und Romano Guardini in Deutschland ein Personalismus anbahnt, der dann seine Weiterführung durch Philosophen und Pädagogen der jüngsten Generation findet.

7. Theorie der Person

Unser bisheriger Rückblick kann bei weitem nicht die historische „Geographie“ des Personalismus ausschreiten. Er hat einen ganz anderen Zweck: nämlich den kulturellen Horizont abzustecken, in den sich die *Theorien der Person* hineinstellen, die ja nicht vage ins Offene hineingedacht werden, sondern ihr Profil in der kritischen Auseinandersetzung mit den wichtigsten Theorieentwürfen des zeitgenössischen Denkens gewinnen müssen. Und dabei handelt es sich, wie wir gesehen haben, um eine Begegnung großen Ausmaßes, bei der nicht nur die Übereinstimmung, sondern mehr noch die Divergenzen mit den anderen Positionen von entscheidender Bedeutung waren. Daraus erhellt, wie sehr die Probleme des Personalismus auch das Ergebnis einer aufmerksamen und kritischen Reflexion über jene Antworten sind, welche Philosophie und Wissenschaft auf die drängendsten Fragen nach dem Menschen und nach seinem theoretischen und praktischen Handeln gegeben haben. Ich

---

[27] Ebda., S. 24.

beharre darauf zu sagen: auch die Wissenschaft, denn in dem Augenblick, in dem der „personalistische Diskurs" von dem Bemühen ablässt, ein geschlossenes System zu erstellen, und sich selber auf die Möglichkeit zurücknimmt, eine „Theorie" anzubieten und vorzuschlagen, wird niemand mehr übersehen können, dass ein solches Philosophieren sich gemäß dem wissenschaftlichen Prinzip des Forschens vollzieht und sich dementsprechend nicht anmaßt, erschöpfende und ontologisch definitive Antworten geben zu wollen. Und genau das tut der Personalismus, ohne in die Schwächen des Existentialismus oder in die starren Antinomien eines bestimmten Problematizismus zu verfallen[28].

Maurice Nédoncelle, der ausführlich nachzeichnet, wie sich der Personalismus in der Geschichte der Philosophie herausgebildet hat, schreibt: „Der Begriff ‚Personalismus' bezeichnet allgemein jede Lehre, die den Personen einen wichtigen Platz in der Wirklichkeit zuerkennt oder sie erst recht als die einzige Wirklichkeit betrachtet. In einem viel engeren Sinne besteht der Personalismus in der Forderung nach Achtung der menschlichen Person im sittlichen Handeln sowie beim Aufbau und bei der Gestaltung der Gesellschaft."[29] Wir halten es für notwendig, den eigentlichen „starken" Sinn der personalistischen Theorien herauszuarbeiten, da wir davon überzeugt sind, dass es nicht ausreicht, eine Theorie gebührend zu kennzeichnen, wenn man auf die „zahlreichen personalistischen Anstöße" eines Sokrates, der Stoiker oder Ciceros hinweist, an gelegentliche Identifikationen mit dem cartesianischen Bewusstsein erinnert oder die Behauptung Berkeleys vergegenwärtigt, dass nichts außerhalb der Personen bzw. der bewussten Wesen existiert. Auch Nédoncelle muss anerkennen, dass das Wort Personalismus in der Philosophie jüngeren Datums ist und erst in der Anfang des 19. Jahrhunderts in Deutschland stattfindenden Auseinandersetzung zwischen Personalisten und Theisten auf der einen und Impersonalisten oder Pantheisten auf der anderen Seite seine Konturen gewinnt, bis es dann „gegen 1930 zu einem neuen personalistischen Anstoß größeren Ausmaßes kommt, der sich von früheren Ansätzen durch zwei sehr wesentliche Merkmale unterscheidet. Einerseits stellt dieser neue Personalismus eine Revolte gegen jene Bedro-

---

28 Der Verfasser hat hier eine philosophische Richtung vor Augen, die auch auf die italienische Pädagogik großen Einfluss ausgeübt und dort in Giovanni Maria Bertin ihren Hauptvertreter gefunden hat. Dieser „Problematizismus" lehnt die Möglichkeit eines absoluten Wissens ab und sieht die Wirklichkeit grundsätzlich und unauflöslich dialektisch-antinomisch bestimmt. [Anm. d. Übers.]

29 Maurice Nédoncelle: Vers une philosophie de l'amour et de la personne, Paris 1957, S. 203.

hungen dar, welche die zeitgenössische Kultur auf das einzelne Individuum ausübt: Mechanisierung mittels der Technik und disziplinierende Einordnung in die Kollektivität. Andererseits aber ist dieser Personalismus keine Monadologie mehr, wie er es noch bei Renouvier[30] war, sondern geht entschieden von der Beziehung der Person zu anderen Personen aus".

Damit sind bereits die beiden Klippen genannt, die es zu umschiffen gilt: hier der Individualismus (und mit ihm das am Existentialismus, was ihn charakterisiert), dort der konformistische Kollektivismus (und von daher der an Marxisten und Existentialisten gleichermaßen gerichtete Vorschlag des Personalismus, „sich von einer personalistischen Dialektik informieren und reformieren zu lassen", die allein „fähig ist, dem ganzheitlichen Entwurf des Menschen zu entsprechen und in der liebenden Intersubjektivität die unvollkommenen Realisierungen von Macht und Gerechtigkeit zu vollenden"). Es erscheint auf keinen Fall ausreichend, eine personale Ordnung lediglich zu beschreiben; eine „Theorie" ist ihrerseits immer auf Erklärung und Rechtfertigung, zumindest aber auf Plausibilität angewiesen.

8. Das Dasein der Person

Allen personalistischen Theorien ist die Überzeugung gemein, dass es, wenn man vom – wie auch immer (metaphysisch oder empirisch) verstandenen – Unpersönlichen ausgeht, keinen Weg gibt, der zur Person führt. Von einem solchen Ausgangspunkt her könnte die Person allenfalls als ein Seinsmodus jenes Unpersönlichen erscheinen. Eindrucksvolle geschichtliche Beispiele bieten dafür der Pantheismus Spinozas, aber auch die verschiedenen Varianten eines romantischen und postromantischen Idealismus, vom Ich Fichtes über den Weltgeist Hegels bis zum Akt Gentiles. Selbst die Kantische Position, mag sie gleich zur Entdeckung des „unendlichen Wertes der menschlichen Person"[31] geführt haben, gestattet nicht deren authentische Begründung, da das Transzenden-

30 Vgl. Charles Renouvier: Le personnalisme, Paris 1903. Diesem Buch kommt unstreitig das Verdienst zu, den Begriff Personalismus von nicht wenigen negativen Konnotationen gereinigt zu haben.

31 Armando Carlini: Dalla vita dello spirito al mito del realismo, Florenz 1959, S.18.

tale den Diskurs unausweichlich auf ein objektivistisch Metaempirisches zurücklenkt, kraft dessen die (konstruierte) Welt der Erfahrung erst Sinn und Bedeutung gewinnt. Das verweist uns von neuem auf die bereits erwähnte Entgegensetzung zwischen einer Metaphysik des Seins und einer Metaphysik der Person, wobei diese aus jener ganz und gar unableitbar ist. Ebenso verweist es uns auf die personalistische Grundthese, dass das Sein personal ist und alles, was im Sein nicht personal ist, als Mittel zur Manifestation der Person und als Mittel zur Kommunikation zwischen Personen letztendlich auf die Produktivität der Person zurückgeht (Luigi Stefanini).

Dabei handelt es sich ganz offensichtlich nicht um die bloße Substituierung eines Anfangsprinzips: auch deshalb nicht, weil die Person, ist sie gleich nicht *das* Sein, dennoch „ein Sein“ ist. An dieser Stelle lässt sich auch der Anknüpfungspunkt zwischen Personalismus und Existentialismus erkennen. Es ist sogar notwendig, auf die logisch-ontologische Begründung des Existentialismus zurückzugehen, wie sie uns Martin Heidegger angeboten hat.

„Wenn die Frage nach dem Sein ausdrücklich gestellt und in voller Durchsichtigkeit ihrer selbst vollzogen werden soll, dann verlangt eine Ausarbeitung dieser Frage nach den bisherigen Erläuterungen die Explikation der Weise des Hinsehens auf Sein, des Verstehens und begrifflichen Fassens des Sinnes, die Bereitung der Möglichkeit der rechten Wahl des exemplarischen Seienden, die Herausarbeitung der genuinen Zugangsart zu diesem Seienden. Hinsehen auf, Verstehen und Begreifen von, Wählen, Zugang zu sind konstitutive Verhaltungen des Fragens und so selbst Seinsmodi eines bestimmten Seienden, *des* Seienden, das wir, die Fragenden, je selbst sind. (…) Dieses Seiende, das wir selbst je sind und das unter anderem die Seinsmöglichkeit des Fragens hat, fassen wir terminologisch als *Dasein*.“[32]

Aber das Dasein ist nicht nur ein Seiendes unter anderen Seienden; es ist ontisch dadurch bestimmt, „daß es diesem Seienden in seinem Sein *um* dieses Sein selbst geht. Zu dieser Seinsverfassung des Daseins gehört aber dann, daß es in seinem Sein zu diesem Sein ein Seinsverhältnis hat. Und dies wiederum besagt: Dasein versteht sich in irgendeiner Weise und Ausdrücklichkeit in seinem Sein. (…) *Seinsverständnis ist selbst eine Seinsbestimmtheit des Daseins.*“[33] Entlang dieser Linie eröffnet sich eine Bestimmung des Daseins als Person und nicht einfachhin als Individuum, und auf diese Weise

---

32 Martin Heidegger: Sein und Zeit (1927), Tübingen [14]1977, S. 7.
33 Ebda., S. 12.

entgeht man den radikalen Schlussfolgerungen eines bestimmten solipsistischen Existentialismus.

9. Die Totalität der Person

Just auf diesen Bezug zum Existentialismus hin will auch die „Theorie der Person“ von Joseph Endres[34] gelesen werden, der die Beschaffenheit der Person folgendermaßen zusammenfasst: „Der Mensch ist ein Seiendes, dem eine Welt zugehört: er ist ein unsichtbarer, in einem Körper inkarnierter und mittels des Körpers sichtbar gewordener Geist; er ist das einzige Seiende, in dem die Beziehung mit dem Sein sich in reflektiver Weise manifestiert; er ist ein Seiendes, das sich selbst kennt und weiß, daß es sich selbst kennt; er ist frei und fähig, sich selbst zu bestimmen und dafür Verantwortung zu tragen; er ist ein Seiendes, das ein Verhältnis zu seinem eigenen Tod finden muß. Diese und andere Bestimmungen sind Elemente und Folgen der Tatsache, daß der Mensch Person ist.“ Diese „Gegebenheiten“ werden zunächst auf einer anthropologischen Ebene beschreibend dargeboten, aber sie werden unmittelbar zu Problemen in dem Augenblick, da sie auf eine theoretische Ebene gehoben werden. Und deshalb sehen wir uns – weit davon entfernt, einfach und unbedarft von dem „Personalismus“ sprechen zu können – einer Vielfalt unterschiedlicher Deutungen und Interpretationen gegenüber. Und es ist in der Tat diese Mannigfaltigkeit, die – wenngleich in dem einheitlichen Rahmen des Primats der Person – in sehr vielen Theoretisierungen Gestalt gewinnt, die je nach ihren verschieden gewählten Ausgangspunkten die von Endres aufgezeigten Eigenschaften der Person ausfigurieren.

Es scheint allgemeine Zustimmung zu finden, dass der Begriff der Person dem Menschen und ihm allein vorbehalten ist; die anderen Lebewesen müssen als Individuen betrachtet werden. In dem Augenblick freilich, in dem man zu einer Analyse der Person fortschreitet – und dies ist genau das, was eine Theorie zu leisten hat –, sieht man sich einer unstimmigen Vielheit von Charakterisierungen gegenüber, je nachdem wie das Verhältnis jenes Daseins gesehen wird, das der Mensch in seiner geschichtlichen Einzigartigkeit ist, zu sich selbst, zu

[34] Joseph Endres: Personalismo, esistenzialismo, dialogismo, Rom 1972.

dem anderen (den anderen Menschen und der Welt) und zu dem Sein selbst hat. Zu sagen, dass die menschliche Person eine Totalität und nicht eine Partialität ist, kann akzeptiert werden, aber man darf daraus nicht umstandslos jene Schlussfolgerungen ziehen, die Endres daraus zieht: dass nämlich „alles von der Person Dargestellte der Kategorie der Substanz angehört". Es stimmt zwar, dass Endres sich bemüht, den Substanzbegriff zu differenzieren und eine vollkommene Substanz von einer unvollkommenen, ein Seiendes in sich und ein Seiendes für sich unterscheidet und am Ende ausdrücklichen Bezug zur Analogie nimmt. „Wie viele andere gehört auch der Begriff der Substanz zu der wichtigsten Gruppe der analogen Begriffe", aber man hat sich dann zu fragen, ob eine „Theorie", die durch Analogie entsteht, beanspruchen kann, eine strenge Auslegung der Person überhaupt zu erreichen. Vielleicht liegt gerade hier der Grund, warum nicht nur so viele schwache und schwammige Theoretisierungen anzutreffen sind (insbesondere auf dem Feld der Pädagogik, wo die Berufung auf die Person beinahe schon eine Pflichtübung geworden ist!), sondern warum auch innerhalb eines christlichen Personalismus mit dogmatischen Apriorismen und Ideologien befrachtete Formulierungen und Theoretisierungen gedeihen, denen solche Theorieansätze entgegenstehen, die auf einen in authentischer Weise kritischen Diskurs zielen.[35]

Zweifellos sind zwei Konnotationen, die Endres der Person zuschreibt, von besonderem Gewicht. Die erste besagt, dass die Person ihre eigene ontische Würde besitzt, und zwar völlig unabhängig von ihrer moralischen Würde oder Unwürde; sie hat ein Recht zu existieren, ganz losgelöst von ihrer Nützlichkeit für die anderen und ganz abgesehen von ihrem Beitrag zum Bestand und zur Aufrechterhaltung der menschlichen Spezies: hier wird das Sein der Person mit ihrem „natürlichen" Wert in eins gesetzt und jeglicher Instrumentalismus oder Funktionalismus und jede Funktionalisierung der Person für fremde Zwecke ausgeschlossen. Die zweite beinhaltet, dass die menschliche Person sich in ihrem Erkennen und in ihrem Wollen manifestiert und reflektiert: das bringt sie auch zur Erkenntnis ihrer

---

[35] Im italienischen Personalismus, auf den ich mich hier beziehe, sind beispielsweise die personalistischen Theorien eines Pietro Prini und eines Armando Rigobello verschieden von jenen Michele Federico Sciaccas, Francesco Battaglias, Giovanni Santinellos und Vittorio Mathieus, und auf pädagogischem Gebiet unterscheiden sich die Theorien von Giovanni Caló, Aldo Agazzi, Gino Corallo, Mario Manno, Marcello Peretti, Giuseppe Catalfamo, Giuseppe Acone und schließlich jene des Autors dieses Buches.

selbst, und „daher kann sie zu sich selbst Ich sagen". Und wie sie Erkenntnis hervorbringt, so bringt sie auch Handlungen hervor, ohne dass sie sich allerdings in dem eigenen Erkennen oder in dem eigenen Handeln erschöpft.

10. Die innere Erfahrung

Gegenüber einer möglichen Auffassung der Person als Substanz formuliert die personalistische Theorie von Edgar S. Brightman einige gewichtige Bedenken. Diese sind auch deshalb von besonderer Bedeutung, weil sie auf eine Gegenüberstellung mit der Deutung der Person in der scholastischen Philosophie hinauslaufen.[36]

Nachdem Brightman daran erinnert hat, dass „die Personalisten unter mehrfacher Rücksicht mit den Kritikern des Absolutismus übereinstimmen", stellt der amerikanische Philosoph folgendes fest: a) Die Auffassung der Substanz, auch jene von der geistigen Substanz, ist verdinglichend (reification) und geht über das hinaus, was erfahren werden kann. Der Personalismus leugnet, dass es eine solche Substanz geben kann, denn nichts dergleichen kommt in der Erfahrung vor. b) Der scholastische Substanzbegriff, dem der Alltagsverstand leicht folgen kann, ist in diesem Fall aufgrund seiner Natur noch weniger verifizierbar und künstlicher Schein der geistigen Substanz. Jede Verifizierung muss notwendig im Bereich der bewussten Erfahrung ansetzen, wo man allein die Evidenzkriterien für das Reale findet. Zusammenfassend formuliert Brigthman: „Die Personalisten entgehen dem leeren scholastischen Verbalismus, indem sie die überkommene Idee der Substanz zurückweisen und die Autonomie und den Selbststand der Person in die innere Erfahrung verlagern, die Gedächtnis und Vorwegnahme zugleich ist."[37]

In der Tat ist die innere Erfahrung jenes *Erste,* von dem man ausgehen muss, wenn man einen Diskurs über das Erkennen und Handeln des Menschen und auf diese Weise über sein Wesen selbst führen will. Die innere Erfahrung ist das unmittelbare Erleben, nicht schon etwas, das jenseits dieses Erlebens liegt.

---

[36] Edgar S. Brightman: Nature and Values, New York 1945, passim.

[37] Ebda., S. 133.

Eine lange philosophische Tradition hat sich auf der Suche nach diesem „Jenseits" befunden und das Gesuchte einmal als *Substanz,* ein andermal als *Bewusstsein* oder als *Ich* im rein gedachten Sinne Kants ausgelegt. Max Scheler fasst diese Positionen in der Formel zusammen, die Person sei hier „das X irgendwelcher Vernunftbetätigung; die sittliche Person also das X der dem Sittengesetz gemäßen Willensbetätigung"[38], um zu bekräftigen, dass es weder die bewussten Akte noch das praktische Gesetz sein können, welche die Person konstituieren, denn der Grund des Erkennens und Handelns liegt in dem bereits Person-Sein und ist nur als solches wirklich autonom. Wie auch immer die Erklärung lautet, welche die verschiedenen Theorien von der Person geben (Substanz, Bewusstsein, Ich, Geist, etc.), eines wohnt ihnen allen inne, nämlich die Überwindung jeglicher „Ableitung" und damit die Bekräftigung der Person als Ganzes. Und in diesem Sinn spricht man dann von der Person als Subjekt und eben nicht als Objekt. Qua Subjekt transzendiert die Person auch ihr eigenes Dasein und kann sich deswegen auch als Ich qualifizieren, ohne dass daraus schon die Notwendigkeit hervorginge, sie ontologisch auf ein Du zu beziehen; wohl aber ergibt sich daraus, dass die Existenz anderer Subjekte anerkannt wird, anderer Ichs, die mir gegenüber ihre Autonomie behaupten. Der Personalismus – besser sollten wir sagen: jede Theorie der Person – muss, sofern sie ihrer selbstgesteckten Aufgabe treu bleiben will, den Rationalismus und den Empirismus, aber genauso das Kantische und neukantianische transzendentale Ich und die idealistische Dialektik hinter sich lassen. Sie muss über die Modalitäten des spinozianischen Pantheismus ebenso hinausgehen wie auch über die prästabilierte Harmonie der Monadologie von Leibniz. „Von meiner Erfahrung ausgehen" kann weder die Kausalität aller möglichen (oder realen) Erfahrungen bedeuten und noch weniger den Rückgang auf eine objektive, a priori gegebene Ordnung, wie sie Spinoza und Leibniz auf ihre Weise behaupten. Man muss vielmehr festhalten, dass „meine Erfahrung" auf die Erfahrungen anderer trifft. Und das allein schon verlangt – wenn nicht ontologisch, so doch erkenntnistheoretisch –, ethisch und in noch stärkerem Maße pädagogisch nach der *Begegnung,* nach der *Kommunikation* und nach dem *Dialog.* Aber vor allem schließt es ein Verständnis der Person als *Entwurf* ein.

[38] Max Scheler: A. a. O., S. 385.

11. Die Vervollkommnung der Person

Nehmen wir einige grundlegende und allen anderen vorausgehende Gesichtspunkte erneut auf, vor allem den der *Totalität.* Es ist augenscheinlich, dass die Rede von der Ganzheit der Person weder im logischen noch im erkenntnistheoretischen Sinne verstanden werden darf: Halten wir fest, dass von der Person als *Einzigartigkeit* und *Einzigkeit* gesprochen werden soll. Sie ist etwas Unvergleichbares und als solches Unwiederholbares. Das bedeutet, dass die Person nicht Ergebnis oder Resultat einer Folgenkette und genauso wenig ein von anderem Bedingtes ist. Sie entsteht nicht aufgrund des (verursachenden) Beitrags eines anderen. Ihr Daseinsrecht hängt nicht von der Tatsache ab, dass sie Teil eines gesellschaftlichen Ganzen ist. Sie entsteht auch nicht dadurch, dass die soziale Erziehung eine Beziehung zu den anderen Menschen herstellt. Viel richtiger wäre es zu sagen, dass die Gesellschaft, und zwar jede Gesellschaft, ihren Wert und ihre Würde daraus schöpft, dass sie aus Personen besteht, die kraft ihrer Personwürde auch dem sozialen Leben Würde verleihen.

Wie aber lässt sich den Gefahren eines Pantheismus Spinozascher Prägung oder dem prästabilierten Pluralismus eines Leibniz entkommen? Die Beachtung der Intentionalität, im Sinne von Husserl und Scheler, kann dabei äußerst hilfreich sein, wenn man nur das „Natürliche" des Sich-zum-anderen-Öffnens anerkennt, das, wie man weiß, auch zu der zentralen Thematik der Werte führt, die aus einem intentionalen Fühlen hervorgehen.

Es ist dies eine grundlegende Frage, die auch eine Unterscheidung zwischen diesem und jenem Personalismus erlaubt, und sie führt unumgänglich auf das Verhältnis von Dasein und Sein und auf den Bezug der Person zu ihren Akten (ihren Modifikationen). Diese Frage lenkt unser Augenmerk von einer ontologischen oder ontischen Betrachtung der Person zu einer erkenntnistheoretischen und zu einer in gewisser Hinsicht noch wichtigeren axiologisch-deontologischen Erörterung. Wenn man einräumt, dass die Person, die im ontologischen Sinne bereits als solche strukturiert ist, ihre eigene sittliche Vervollkommnung zu verwirklichen hat, kann man nicht – wie es Endres fälschlicherweise tut – bei einer Hierarchisierung der Personen enden, die allein schon durch die bereits erwähnte Totalität der Person ausgeschlossen bleiben muss, sondern man stößt dann auf ihre Endlichkeit und Unvollkommenheit und folglich auf die „gesollte" Vervollkommnung der Person. „Die menschliche Person bedarf in ihrer Entwicklung der Hilfe der anderen, der Gesellschaft. Mag sie gleich in sich und für sich sein, so ist sie doch nicht gänzlich autark, genügt sie sich nicht selbst und gelingt es ihr nicht alleine, sich ganz selbst zu schaffen; mithin ist ihr die eigene physische und moralische Vervollkommnung verwehrt. Und ganz unter diesem Gesichtspunkt bedarf die Person der Hilfe der anderen."[39] Soweit Endres die Ambivalenz – Verschlossenheit und Öffnung – der Person hervorkehrt, geht aus seinen Ausführungen, wenn nicht ein Widerspruch, so doch erhebliche Unklarheit hervor, und es wird am Ende sogar jenes Erste in Frage gestellt, das jedem Personalismus seine Begründung und Identität gibt. Tatsächlich reißt die Endressche Position in der Person eine Reihe von Dualismen auf, angefangen von dem zwischen Geist und Körper bis hin zu dem zwischen Geschichtlichkeit und Gesellschaftlichkeit, wobei diese von jenem Autor gar als „minderer Grad" der personalen Vervollkommnung ausgelegt wird. Dass es auf diese Weise zu einer buntschillernden Verschiedenheit und einem verwirrenden Pluralismus der Menschenbilder kommen muss, liegt auf der Hand. Wenn es aber zutrifft, dass jede Theorie an die Zahl und an die Qualität der von ihr verwendeten oder eingearbeiteten Bausteine gebunden ist, so stimmt es auch, dass sich jede Theorie mit ihrer eigenen Kohärenz zu präsentieren hat, d. h. mit einer inneren Logik, die den Gedankengang im höchstmöglichen Maß stimmig werden lässt.

12. Person und Persönlichkeit

Auch die Unterscheidung bzw. die Gegenüberstellung der Begriffe Person und Persönlichkeit, die einigen Personalisten sehr am Herzen zu liegen scheint, eröffnet unausbleiblich eine Reihe von Dualismen, die jenes PRIMUM, auf das man sich unzweideutig zu beziehen hat, erheblich entkräften. Welchen Sinn kann die Rede vom Sich-Konstituieren oder von der Verwirklichung der Persönlichkeit haben, wenn die Person an sich den Wert darstellt? Wird der Wert in die Persönlichkeit verlegt, wie wollte man da leugnen, dass dann nicht mehr die Person das *Erste* sein

---

[39] Joseph Endres: A. a. O., S. 28.

könnte, sondern nur noch das *Werden,* sei es ein Werden der Geschichte oder ein Werden des Individuums? Ganz gewiss hängt alles davon ab, welche Bedeutung man den Begriffen Person und Persönlichkeit zuspricht. Aber da die beiden Begriffe in jedem Fall zueinander in Beziehung gesetzt werden, so dass der eine den Ausgangspunkt, der andere den Zielpunkt oder das Endziel bezeichnet, bleibt unverständlich, wie beide gleichzeitig und unter ein und demselben Gesichtspunkt jenes *Erste* sein können, von dem jede Theorie der Person ausgehen muss. Vermutlich rührt diese Verwirrung und Zweideutigkeit daher, dass man nicht genügend berücksichtigt, wie deutlich Max Scheler das Verhältnis zwischen der Person und ihren Akten bestimmt hat: „Vielmehr steckt in *jedem* voll konkreten Akt die ganze Person und ‚variiert' in und durch jeden Akt auch die ganze Person – ohne daß ihr Sein doch in irgendeinem ihrer Akte aufginge, oder sich wie ein Ding in der Zeit ‚veränderte'."[40] Und weiter: „Die Person lebt wohl in die Zeit hinein; sie vollzieht anderswerdend ihre Akte in die Zeit hinein; nicht aber lebt sie innerhalb der phänomenalen Zeit (…)", da „die Person ihre Existenz ja eben erst im *Erleben* ihrer möglichen *Erlebnisse* vollzieht".[41] Und noch expliziter: „Person ist die konkrete, selbst wesenhafte Seinseinheit von Akten verschiedenartigen Wesens, die an sich (…) allen wesenhaften Aktdifferenzen (…) vorhergeht."[42] Die Unterscheidung, die Scheler zwischen Werten, Gütern, Zwecken und Zielen trifft, und die Art und Weise, wie er das Fundament der Person auf reine Intentionalität zurückführt, vermag zu verdeutlichen, wie sich der Wert der Person im Hinblick auf das Streben und/oder die Verwirklichung bestimmter Ziele und Zwecke (nicht einmal die erzieherischen, die vermeintlich „angeboren" zu sein scheinen) nicht verändert: es ändert sich vielmehr das Sich-Aufwerten ihrer kognitiven und willentlichen Akte, d. h. der Inhalt ihrer konkreten – geschichtlichen und gesellschaftlichen – Erfahrung, weit jenseits des Wertes jener Intentionalität, welche die Person grundsätzlich kennzeichnet. Es verändert sich, um noch einmal klar zu unterscheiden, der deontologische Wert, nicht aber jener axiologische Wert, welcher der Struktur der Person innewohnt und ein totaler sowie ganz und gar einzigartiger Wert ist.

---

40 Max Scheler: A. a. O., S. 400.
41 Ebda., S. 400 f.
42 Ebda., S. 397 f.

13. Die Person als einheitsstiftender Akt

Man berücksichtigt nicht immer genügend, dass jeder Personalismus, der wirklich den individualistischen Subjektivismus sowohl als auch den universalistischen Objektivismus (Dogmatismus, Apriorismus) überwinden will – was weit mehr meint, als bloß in einen dialektischen Gegensatz dazu zu treten –, die Antithese von Feststellung und Wertung hinter sich lassen muss. Die Schwierigkeiten, von der Tatsache zur Norm, von der Sache zum „Wert“ zu gelangen, sind bekannt. Andererseits zieht der Glaube, man könne von einem abstrakten Ideal und damit von einem für absolut gehaltenen Wert ausgehen, das Anknüpfen an oder ein Sich-Einfügen in eine gegebene, bereits geschaffene und als vollkommen definierte und definitive Ordnung nach sich, so dass dem Menschen am Ende nur noch die Anerkennung dessen, was ist (oder war), übrigbleibt und das Eingeständnis, dass das, was ist, „Wert“ ist, weil es Zeichen, Zeugnis oder Chiffre des Wertes an und für sich ist. Der philosophische Rationalismus von Parmenides bis Hegel könnte dafür eine lange Geschichte voller eindrucksvoller Beispiele liefern.

Andererseits erscheint auch die These von der bloßen Beschreibbarkeit (von Tatsachen) nicht akzeptabel, die sich auf reine „Tatsachen“ beschränkt und an die Stelle einer Wertordnung ein Gefüge von Kausalitäten setzt, mit allen unausbleiblichen Folgen des Skeptizismus. Im einen wie im anderen Falle wird das Verständnis des Menschen – und nicht nur seine Erklärung und Deutung – vorentschieden. Und es ist eine pure Illusion, sowohl einer individualistischen Ontologie als auch einer universalistischen Metaphysik, wenn sie denken, diese Schwierigkeiten beseitigen zu können. Um sich der absoluten Kontingenz des Individualismus entgegenzustellen, hat die Philosophie zu einem universalen und notwendigerweise objektiven und formalen Gesetz Zuflucht genommen, so dass sich die berechtigte Frage nach den Modalitäten erhebt, mit denen ein derartiges Gesetz in der Geschichte, ohne an Kraft zu verlieren, gelebt und individuell, ohne Anpassungen oder wirkungsträchtige Interpretationen entschieden „hermeneutischer“ Prägung, angenommen werden kann. Wenn dann der Wert der Person unmittelbar von einem (= einzigen) Wert hergeleitet wird, dann kann offenbar nicht mehr im eigentlichen Sinne von Freiheit und von der Verantwortung des Menschen gesprochen werden, weil dieser verabsolutierte Wert unerbittlich zum Gehorsam zwingt und zur kategorischen Ausführung der Norm nötigt.[43]

„Die Auffassung des Wertes als etwas, das als notwendige Folge aus dem Sein hervorgeht, führt das Denken dahin zurück, eine Theorie auszuarbeiten, die am Ende behauptet, alles habe Wert, insofern es *ist*. Aber der nominalistische Argwohn, der allen theoretischen Diskursen über *das Sein* allein schon wegen der grundsätzlichen Zweideutigkeit dieses grandiosen Begriffes gelten muss, lässt eine so gebaute Ontologie als eine beispiellose Rechtfertigungserfindung erscheinen. Diese wird schließlich die Notwendigkeit der Existenz behaupten, und ihre Funktion besteht vor allem darin, den gutgläubigen und lebensleeren Dogmatismus einer notwendigen Ordnung des Seins zu legitimieren. Und es hilft dabei gar nichts, wenn man, um der Unbeweglichkeit des Seins und der Starrheit seiner Bestimmungen zu entgehen, dieses Sein ‚in Bewegung versetzt', wie einige Philosophen es getan haben. Die Dynamik eines mit Notwendigkeit ablaufenden Fortschritts ist genauso leer wie die unbewegliche Starrheit einer ewigen Ordnung. Mit Hilfe einer ganz verwandten sophistischen Rechtfertigung eignet sich jener dynamische Fortschritt einen jeden Inhalt an, den die Geschichte in ihm zusammenfließen lässt, so wie diese starre Ordnung sich einem jeden gegebenen Zustand der Dinge einfügt. (...) Man darf mit Recht fragen, ob nicht jede Theodizee im Grunde nur eine erkünstelte Rechtfertigung des Unendlichen mittels des Endlichen ist, hinter der sich, unter dem Vorwand eines lobenswerten Gottesbeweises, in Wahrheit die kriecherische Einstellung eines Höflings verbirgt, der seinem Herrn schmeichelt, um ihn dazu zu bringen, an seiner Statt alle Verantwortung zu übernehmen."[44] Die kernige Schlussfolgerung Bastides, dass der Mensch ein Streiter für Werte und nicht ein Höfling im Dienste des Seins ist, unterstreicht mit der ganzen Ausdruckskraft dieses Bildes die urmenschliche Aufgabe, selbst Werte zu setzen und sie in ein Gefüge zu bringen. Eine Aufgabe, die aufgrund des unvergleichbaren Wertes, den die Person selbst darstellt und ist, möglich wird.

---

43 Vgl. dazu meinen Aufsatz Quale autonomia per la morale?, in: Rassegna di Pedagogia, 42 (1984), n. 1-2.

44 Georges Bastide: Méditations pour une éthique de la personne, Paris 1953, S. 157.

14. Die Struktur der Erfahrung

Einheit der Person also, und diese lebt in der Zeit und in der Geschichte. In gewisser Hinsicht ist sie selbst Geschichte und deshalb vielfältig und facettenreich. Bricht aber hier nicht wieder die Antinomie zwischen dem Einen und dem Vielfältigen, zwischen dem Werden und dem Unbewegten auf? Jedes Mal, wenn man eine Antinomie aufstellt, wird sie entweder zum Problem, oder man löst sie nach Art einer Synthese in einem Kompromiss auf, der die beiden einander entgegenstehenden Begriffe aufsaugt, mag ihre Bedeutung gleich auf ganz unterschiedlichen Verständnisebenen liegen. Wenn es stimmt, was man von Max Scheler her sagt, dass „die phänomenologische Methode eine Axiologie zu geben vermag, nicht aber eine Deontologie, weil zwar eine rein ideale Axiologie denkbar, jedoch eine solche Deontologie nicht fassbar ist, da jede Deontologie ihrer Natur nach den Übergang von einem idealen Gesetz zu einem realen zu vollziehen hat und deshalb unter keinen Umständen von der empirischen Wirklichkeit *absehen* kann“[45], dann wird auch ganz unvermittelt deutlich, dass die Person ihrem Wesen nach rein als mögliche Intentionalität und als die Einheit und Totalität aller Möglichkeiten betrachtet werden muss, während ihre empirische Wirklichkeit des Hier und Jetzt die Tatsachen in sich aufnimmt. Dass dann der eine oder andere Personalist von neuem über zwei voneinander getrennte Denkwege verfügen will, hier einen metaphysischen und dort einen empirischen, hier Möglichkeit und Intentionalität, dort Wirklichkeit und Faktizität, ist genauso verständlich, wie sich andere Theorien der Person auch auf die Zeit berufen, um den singulären Augenblick und die beständige Dauer miteinander zu verbinden. In jedem Fall muss aber unbedingt daran festgehalten werden, dass die Person „Akt der einheitsstiftenden Umgestaltung“ ist. Und das führt uns einmal mehr zur Intentionalität, ja sogar zur reinen Intentionalität zurück.

Ist jener Anfang der Erkenntnis, den die Erfahrung bildet – meine Erfahrung, die Erfahrung, die ich von mir selbst habe –, ein rein punktueller im Hier und Jetzt und damit ganz beziehungslos? Wenn man das Augenmerk darauf richtet, was man gemeinhin als „Inhalt“ der Erfahrung bezeichnet, dann trifft das zweifelsohne zu; und doch vermag die Person jene Gefahr zu enthüllen, die allen empirischen Philosophien – und auch Methodologien – innewohnt, welche, wie man weiß,

---

[45] Giulio Alliney: A. a. O., S. 39.

durch Vergleich, Verallgemeinerung und Abstraktion vorgehen und die „Regel", zu der sie auf diese Weise gelangen, schließlich kraft des induktiven Vorgehens als begründet ausgeben. Wenn nun der Personalismus, um sich davon abzuheben, über die vielfältigen, aufeinanderfolgenden Erfahrungen hinaus ein Fortdauern der Person oder des Ich quasi als „Behälter" aller möglichen Inhalte (der einzelnen Erfahrungen) aufsuchen wollte, könnte dann das logische Ergebnis einer solchen Suche zu etwas anderem führen als zur Substantialisierung der Person, ja mehr noch, müsste es nicht in einer ganz und gar statischen, rigiden, homogenen Substanz bestehen, eben dem Behälter, der über alle sich wandelnden Erfahrungen hinaus unwandelbar dieser selbst bleiben muss?

Man wird hier wohl eine Auffassung von Erfahrung als Erfahrung eines genau Bestimmten, eines ganz und gar Begrenzten und mit anderen Erfahrungen völlig Unverbundenen hinter sich lassen müssen. Man darf nämlich den objektiven Inhalt der Erfahrung nicht einfach erkenntnistheoretisch isolieren, um dann der Wahrnehmung und danach der Vorstellung und dem Denken die bloße Aufgabe des Sammelns und Speicherns von „Daten" zuzuweisen. Denn was man gemeinhin für ein „Sammeln von Daten" hält (von denen man dann induktiv zum Allgemeinen und zum Gesetz fortschreitet), ist stets und allemal das Ergebnis eines Zusammenwirkens, bei dem die Intentionalität, als das Sich-Öffnen zum anderen hin, eine ganz bestimmte Rolle spielt. Das führt dazu, dass das einzelne „Gegebene" in einer spezifischen Modalität aufgenommen wird und dass so etwas wie eine Struktur entsteht. Erfahrung ist also weniger ein Aufsammeln von Gegebenheiten als vielmehr das Sich-Eingliedern bzw. das Sich-Einschreiben der Person in die Struktur der Erfahrung, so dass, je mehr sie Person ist, sich „desto mehr ihr Aufnahmeradius ausdehnt"[46].

15. Erkenntnis und Engagement

Genau darin liegt der Grund dafür, dass der Personalismus – in fast allen seinen „Theorien" – von einem *Transzendieren* sprechen kann, und

[46] Georges Bastide: A. a. O., S. 147.

zwar nicht nur im Hinblick auf die Fähigkeit, auch dem transzendenten Absoluten gegenüber zu treten, sondern vor allem in dem Sinne, dass sich die Person nicht im Augenblick ihrer Erscheinungsweise erschöpft. Von daher wird Sartres Sicht des Existierenden als eines Pendels, das zwischen einem Nichts vorher und einem Nichts nachher hin- und herschwebt, jede Grundlage entzogen. Offensichtlich lässt sich hingegen eine Auffassung nicht zurückweisen, welche die Existenz als ein Sich-Herausheben aus dem Nichts (oder aus dem Ganzen, dem Sein) begreift. Was von der Person gesagt wird, kann übrigens auch von der Geschichte gesagt werden. Es ist nicht nötig, irgendeine Philosophie oder auch Theologie der Geschichte heranzuziehen,[47] sei es im dialektischen Sinne oder nicht, um über eine bloße Chronik der Ereignisse hinauszugelangen. Diese könnten nicht einmal als solche betrachtet werden, wenn sie nicht bereits aus einem „Horizont" oder aus einer „Struktur" herausgeschnitten würden, worin sie zwar nicht „stehen", wohl aber als einzelne hervorgehoben werden und von woher sie allein ihre Bedeutung gewinnen. Verhält es sich nicht ähnlich mit der Person? Zieht nicht die Deutung einer konkreten Erfahrung nach sich, dass man das bloß Empirische überschreitet, und zwar in einem unumgänglichen gnoseologischen Akt der Zuordnung (und auf analoge Weise ließe sich das auch für das menschliche Handeln sagen)?

Auch wenn ich hier nicht näher darauf eingehen will, was die (wissenschaftliche) Epistemologie in den letzten Jahrzehnten aufgeklärt hat – das würde unseren Diskurs freilich erheblich voranbringen – und bewusst innerhalb des Umkreises der jüngsten personalistischen Theorien verbleibe, so lässt sich doch mit aller Deutlichkeit herausstellen, dass ein bestimmter Personalismus die neutrale Betrachtung der menschlichen Erkenntnis für überwunden hält und in erklärter Analogie mit dem Problem der Beziehungen zwischen Personen dazu gelangt, von teilnehmender Erkenntnis oder von einer innigen Durchdringung des Erkenntnisgegenstandes zu sprechen. Paul-Ludwig Landsberg erhebt die Forderung nach „einer möglichst authentischen und umfassenden Anteilnahme an der Wertstruktur des historischen Augenblicks. Man muss sich von dem Vorurteil befreien, dass der Wille, außerhalb des Gegenstandes zu bleiben, der Erkenntnis immer förderlich sei. Auch die Feststellung, dass eine solche Erkenntnis des Innersten der Wirklichkeit bei ihrer sprachlichen Umsetzung auf eine Anzahl erheblicher Schwierigkeiten stoßen und folglich gezwungen

---

[47] Zum Problem einer Theologie der Geschichte vgl. das gleichnamige Buch von Henri-Irenée Marrou (Paris 1968).

sein wird, sich neuer Methoden zu bedienen, ist nicht zu umgehen, und darin liegt auch nichts Überraschendes. Die Eindeutigkeit ist ein Grenzfall der Erkenntnis, bei dem ein Maximum an Teilhabe, an Kommunikation, für alle und ein Minimum an Wissen über den Erkenntnisgegenstand Hand in Hand gehen. Was weiß ich denn tatsächlich von einer Sache, die ich bezeichnet und deren Zeichen ich in ein Zeichensystem eingebunden habe? Auf der anderen Seite erlaubt eine komplexe Erkenntnis nur schwerlich einen empirischen Zugang, es kann sogar sein, dass sie häufig darauf verzichten muss. Deshalb besteht allerdings kein Grund, auf die Fülle unserer möglichen Erkenntnisse zu verzichten. Zudem stellt das Engagement für uns nicht ein blindes Heineinrutschen dar, sondern eine personale Bewegung, die einen Erkenntnisakt einschließt. Man kann sich nicht engagieren, ohne diesen Erkenntnisakt zu vollziehen, genauso wie es unmöglich ist, diese Erkenntnisart zu praktizieren, ohne sich zu engagieren.“[48]

16. Kommunikation und Dialog

Das Eingeständnis, dass die eindeutige Bezeichnung einen Grenzfall der Erkenntnis darstellt (auch wenn er ein Höchstmaß an Kommunikation für alle bringen mag), nötigt dazu, die personalistische Erkenntnistheorie weit jenseits der traditionellen Vorgehensweisen sowohl der deduktiven als auch der induktiven Logik anzusiedeln. Weiter oben wurden deren Grenzen bereits aufgezeigt: Sie ergeben sich aus der inneren Stimmigkeit, mit der eine jede Theorie der Person gezwungen ist, die Metaphysik des (objektiven) Seins zurückzuweisen. Die Eindeutigkeit des Bezeichnens ist lediglich mit einer unpersönlichen und vollkommen bestimmten und daher unmodifizierbaren Rationalität vereinbar; von daher rührt auch der Wert der Definition in kategorischen Begriffen, die nur die sogenannten exakten Wissenschaften formulieren können (abgesehen davon, dass man heute eine derartige Möglichkeit selbst gegenüber der Logik und der Mathematik in Frage stellt). Der Bezug auf das Zeichen, das in ein Zeichensystem gestellt wird (und folglich nicht gegeben ist), zieht nicht nur das nach sich, was man die Ersetzung der Welt der Dinge

[48] Paul-Ludwig Landsberg: Problémes du personnalisme, Paris 1952, S. 38.

durch die Welt der Sprache genannt hat, mit allem, was eine solche Substituierung an Relativismen und an bloßen Konventionen mit sich bringt, sondern sie schließt auch eine Eindeutigkeit der Bedeutungen aus. Die verschiedenen linguistischen und semiologischen Disziplinen haben heute vieles dazu zu sagen; aber auch die Unterscheidung zwischen dem zergliedernden Erklären und dem verstehenden Begreifen (das letztere nähert sich sehr dem *Eindringen,* von dem Landsberg spricht), die bekanntermaßen der überkommenen Einteilung des Wissens in Natur- und Geisteswissenschaften entspricht, führt uns dazu, neben dem klassischen rationalen (= logisch-analytischen) Vorgehen den Wert und die Nützlichkeit des argumentativen Verfahrens zu bedenken, eines Verfahrens, das uns auch den gewonnenen Zuwachs an Teilnahme, d. h. das Maß an interpersonaler Kommunikation, ermessen lässt.

Bei der von Boethius gegebenen Definition der Person als NATURAE RATIONABILIS INDIVIDUA SUBSTANTIA, die ganze Jahrhunderte gegolten und alles in allem die Formulierung personalistischer Theorien verhindert hat, hat man nicht gesehen, dass in ihr die Person völlig auf die Ebene der Rationalität zurückgestuft wurde und es am Ende das Unpersönliche der Vernunft sein müsste, welches die Person konstituiert. Auf diese Weise geriet man in Widerspruch, wenn nicht gar zur Leugnung jener Autonomie, die unbedingt zur Person gehört. Andererseits bringt ihre Einzigartigkeit und Einmaligkeit, will man der Gefahr eines radikalen Solipsismus entgehen, die Annahme eines Pluralismus von Personen mit sich, die allesamt und unausweichlich in eins zusammenschmelzen würden, wenn alles nur Rationalität wäre. Allein die Unterschiedlichkeit des Personalen, und zwar einer jeden Person, kann einen echten Pluralismus gewährleisten; und es ist daher das gewiss vernünftige, deshalb aber nicht völlig auf Rationalität reduzierbare Argumentieren jene Modalität des Kommunizierens, in der sich die Person ausdrückt und die sie zu ständiger Auseinandersetzung und zum Dialog führt. Wie vollzieht sich das Kommunizieren zwischen Unterschiedlichen? Und wie gäbe es, ohne Unterschiedlichkeit, einen echten Dialog? Sagen wir, dass der Dialog Kommunikation der Ichs, Kommunikation zwischen Ichs ist, in dem es kein bloßes Senden und kein bloßes Empfangen, wohl aber ein wechselseitiges Kommunizieren gibt, eine *Transsubjektivität* also, die gleichzeitig ein Überschreiten des einzelnen einschließt und seinen Wert als Einzelner bestätigt. Die Person vermittelt immer etwas, auch wenn sie de facto nur Empfänger ist.

17. Argumentation und Geschichte

Über die so als Dialog verstandene Kommunikation organisiert sich die Gesellschaft der Personen, die kraft ihrer intersubjektiven Struktur zur Bereicherung der einzelnen Person beiträgt und sogar zu einem wesentlichen Erziehungsinstrument wird. Dennoch kann sie nicht als die Person „begründend" angesehen werden, sonst wäre es wieder einmal etwas Unpersonales, das die Person hervorbringen soll. Stattdessen muss man mit aller Deutlichkeit festhalten, dass die Gesellschaft der Personen – möglich aufgrund der Intentionalität einer jeden Person – sich in einem Pluralismus artikuliert, der sich, über den ontologischen Aspekt hinaus, auf kulturellem Gebiet äußert. Von daher rührt die Möglichkeit der Begegnung und der Auseinandersetzung zwischen den verschiedenen „Theorien"; von daher ebenfalls der Rückverweis auf die Argumentation als Modalität des Dialogs, aber auch als Instrument zum Erzielen und Aufrechterhalten eines Konsenses (der Mehrheit); von daher ebenso alle Konsequenzen auf der sozioökonomisch-politischen Ebene, die eine Überwindung sowohl der Lehren des Liberalismus als auch des Marxismus gestatten.

Man muss dabei hinzufügen, dass das Argumentieren – im Unterschied zur logischen Beweisführung – aufs engste an die konkrete Geschichte gebunden ist; d. h. das Argumentieren ist sowohl aufgrund seiner Struktur als auch wegen des Ergebnisses, auf das es zielt – des Konsenses – geschichtlich verstrickt. Es handelt sich beim Argumentieren in der Tat nicht um einen streng logischen Diskurs – unter Rückgriff auf eine objektive Rationalität –, der seinen Wert in sich trägt, unabhängig davon, wer ihn führt. Die Argumentation ist eng an ihren Autor und Urheber gebunden, streng genommen sogar an beide Pole, zwischen denen die Kommunikation abläuft. Diese kann daher niemals unpersönlich sein: Sie ist interpersonal, oder, wie wir gesagt haben, transsubjektiv, immer an das Subjekt gebunden, von dem sie ausgeht und das sie dennoch stets überschreitet (und gerade deshalb bleibt sie nicht in einem solipsistischen Individualismus verschlossen).

Landsberg sagt dazu ganz deutlich: „Man muß sich von der allzu simplen Vorstellung freimachen, wir träfen unsere Entscheidungen getreu einer Überlegung, bei der wir bestimmte Wertprinzipien und in ihnen gegründete Normen auf den jeweils besonderen Fall anwenden. Wenn also auf der einen Seite der Begriff der Gerechtigkeit und die aus ihm ableitbaren Normen und Regeln gegeben wären und auf der anderen Seite eine faktische Situation, dann bliebe uns lediglich eine einfache geistige Operation übrig, die analog jener logischen Tätigkeit abliefe, bei der wir den besonderen Fall dem allgemeinen Prinzip unterordnen. Unsere Werttheorie muss aber im Gegenteil von der Beschreibung des konkreten Entscheidungsaktes ausgehen. Die Wertideen und Wertprinzipien gehen aus der entschiedenen Wahl zwischen den konkreten Richtungen des Lebens und den in diesen Richtungen zuinnerst enthaltenen Werten hervor. Alles das, was z. B. den wahren Inhalt der Idee der Gerechtigkeit ausmacht, rührt aus bestimmten in der Geschichte vollzogenen personalen Entscheidungen her, also aus gerechten Handlungen und ihrer Begründung. Die abstrakten Definitionen der Gerechtigkeit sind nur Symbole dessen, was die Menschen bei solchen Akten gedacht haben. (…) Diese Ideen grenzen einen universalen Horizont ein, der in jeder Werterfahrung enthalten ist."[49]

18. Die Selbstwahl der Person

Wahl, Entscheidung, dazu Engagement und Verantwortlichkeit sind weitere Merkmale, durch die sich die Person in sich, aber mehr noch in ihrem existentiellen und geschichtlichen Welthandeln manifestiert. Von daher lässt sich sagen: Die Person macht sich zum Entwurf, ja sogar, sie ist selbst *Entwurf.* Wenn die Person einerseits jene Gegenwart ist, die in sich die ganze Vergangenheit sammelt – und das Gedächtnis bewahrt die Erinnerung daran –, so muss man andererseits sagen, dass das Leben der Person ganz darin besteht, sich selbst zu gestalten, sich über das Gegenwärtige hinaus zu entwerfen, sich aufzubauen und sich zu bilden. Man möge es recht verstehen, dass sich damit die ontologische Struktur der Person – das Sein ihres Daseins – nicht ändert, auch wenn ihre Akte und ihre Manifestationen sich wandeln – in der Geschichte kann es gar nicht anders sein –; und sie wandeln sich derart, dass eine pure Wiederholung gar nicht möglich wird. Die Person ist also unwiederholbar. Sie ist das, was nicht mit einem anderen verwechselt werden kann; mit einem Wort: Ich. Die Person nimmt zu an Erfahrung, ihr Gefühlsleben vertieft sich,

---

[49] Paul-Ludwig Landsberg: A. a. O., S. 146.

ihre Soziabilität wächst, ihre kreativen und kritischen Fähigkeiten weiten sich aus, ohne dass sie auf diese Weise eine andere würde; sie bleibt im Gegenteil in dem ganzen kulturellen Umkreis, in den sie eintritt, ein und dieselbe. Dieser Fortbestand der Person bedeutet aber offensichtlich weder reine Statik noch eine abstrakte Form, die, ähnlich wie das Kantische Transzendentale nur darauf wartet, mit Inhalten der Erfahrung angefüllt zu werden. Sie ist, und zwar von Anfang an und durchgehend, das Sein ihres Daseins: *Intentionalität* und *Transzendenz.* Wenn man die Person nicht auf diese Weise versteht, fällt man in die Abgeschlossenheit der Monade oder in die unbestimmte Unendlichkeit des Objektiven zurück. Die Person ist also Entwurf, Lebensentwurf; nicht im Sinne des Geworfenseins des Sartreschen Existentialismus, für den man fällt, wohin man fällt. Der Entwurf der Person – oder die Person, die Entwurf ist oder sich zum Entwurf macht – stiftet ihre Kontinuität über das Gegenwärtige hinaus, also ihre Dauerhaftigkeit, und dieser Entwurf stellt nicht lediglich eine Wahl äußerer Werte dar, sondern insofern diese Wahl in Übereinstimmung mit dem Wert der Person getroffen wird, wird das Gewählte selbst zum Wert. Es ist notwendig, in dieser Hinsicht eine radikale Umkehr der üblichen Deutung vorzunehmen, nach welcher der Mensch den Wert (das Gute) wählt und so eine „Ordnung" verwirklicht. Es ist nur allzu offenkundig, dass dann bei einer Wahl zwischen dem Guten und dem Nicht-Guten, sofern man sich nicht in einem Zustand des Nichtwissens befände (Sokrates lehrte: das Böse ist Nichtwissen), gar keine Unsicherheit aufkommen könnte. Die Wahl könnte nur auf das Gute fallen (von daher rührt dann die merkwürdige pädagogische Folgerung, die Freiheit bestünde darin, dem Gesetz zu gehorchen). Wenn der Wert in der Person selbst liegt, ja erst recht, wenn die Person selbst Wert ist, dann ist es die *Wahl der Person,* die zählt – und genauso, dass sie sich nicht ihrer selbst entfremdet – es ist also die Wahl dessen, was mit der Person in Übereinstimmung steht oder tritt, durch die und kraft derer etwas zu einem Wert wird.

Wenn man den Unterschied zwischen Individuum und Person nicht deutlich genug herausarbeitet, kann das gewiss zu individualistischen Schlussfolgerungen verleiten und eine sinnlose Perspektive eröffnen. Das Individuum muss immer auf ein Allgemeines oder Universales zurückgeführt werden, während die Person – oben wurde es bereits mehrfach gesagt – Totalität und in diesem Sinne absolut ist. Das bedeutet – es muss noch einmal gesagt werden – keinesfalls Statik und auch nicht Unbeweglichkeit, denn beide würden das Sich-Entwerfen der Person verhindern und ausschließen. Die Person lebt in der Geschichte; sie selbst wird Geschichte: *ihre* Geschichte, die sie in dem kulturellen Horizont, in dem sie wirkt, lebt (und kennt). Die Person ist ein Zentrum, das sich Schritt für Schritt in zahlreiche weder vorherbestimmte noch starr vorgeschriebene oder bereits ausgetretene Richtungen ausdehnt; alle Richtungen stehen grundsätzlich für eine mögliche Wahl offen. Diese Wahl erfolgt nicht – wie Sartre behauptete – unmotiviert; sie trägt vielmehr den „Bedingungen der Geschichte" Rechnung und nimmt auf die Realität des Hier und Jetzt Bezug, welche die Situation eines jeden einzelnen umgrenzt. Die Person ist Entwurf und nicht Utopie – erst recht nicht ein vager Traum, denn die menschliche Existenz, das Leben eines jeden einzelnen, ist Geschichte. Und von daher ist sie eine Zukunft, die gelebt zu werden verlangt. Das „Erleben" – die Gegenwart – nimmt im Gedächtnis das Gewesene auf und reiht sich in ein Künftiges ein, das zu verwirklichen, aufzubauen und nicht bloß blindlings hinzunehmen ist. Verhielte es sich anders, dann könnte man weder von Autonomie noch von Intentionalität sprechen.

Was die Freiheit der Person betrifft, so ist sie nicht so sehr an ein objektives Gesetz gebunden als vielmehr an die Bedingungen, die von der Geschichte angeboten werden und deren Gegebenheit ihre ganze Problematik anzeigt: auch dort, wo die Person Akteurin und nicht einfach Betrachterin und/oder Registrierende von Ereignissen ist.

Aus diesem Grunde sprechen wir von einer Zukunft, die gelebt zu werden verlangt; diese ist daher auch unter allen jenen Möglichkeiten, die sich über das Gegenwärtige hinaus eröffnen, bereits vorgewählt.

19. Die Person als Wert

Der Wert der Person zeigt sich sehr deutlich darin, dass sie unter keinen Umständen instrumentalisierbar ist, weder für andere, noch für anderes. Die grundlegende Wahl zwischen Sein und Haben[50], wie sie der Existentialist Gabriel Marcel vertritt, kennzeichnet eine Position, die den Wert

[50] Vgl. Gariel Marcel: Etre et Avoir, Paris 1935; dt. Sein und Haben, übers. v. Ernst Behler, Paderborn 1954. Die Marcelsche Thematik wurde unter psychologischer Rücksicht in Erich Fromms: To Have or to Be (dt. Haben oder Sein, Stuttgart 1976) wieder aufgenommen und stark popularisiert.

der „Person" mit dem, was man gemeinhin und in der Alltäglichkeit der menschlichen Erfahrung als Wert bezeichnet, für ganz und gar unvergleichbar hält. Ein solcher „Wert" – Max Scheler redet hier viel treffender von einem Gut – kann gegen einen anderen getauscht werden, und bei einem derartigen Handel herrscht das Prinzip von Angebot und Nachfrage, von Preis und Nutzen. Der Wert der Person (die Person als Wert) dagegen ist unvergleichbar, einzig, und dieser Wert ist in die Einzigartigkeit jenes Seins selbst eingesenkt. Daher ist alles, was durch die Person hindurchgeht, mit ihr übereinstimmt und zu etwas Personalem wird, ein Wert (in diesem zweiten Sinne); es wird auf diese Weise sogar zum Wert, zum Aspekt oder zur „Qualität" der Person. Daher sucht man das Wissen nicht um seiner selbst willen (was reine Gelehrsamkeit wäre), noch das soziale Leben, noch die Produktion, noch anderes Analoges. Derartige „Güter" werden zu Werten nur, insofern sie die Person kennzeichnen, Momente ihrer „Einheit" sind und sich in ihrer „Totalität" einnisten. Für sich genommen können sie bestenfalls Mittel oder Instrumente zur Anreicherung der Person sein (das wurde oben bereits gesagt). Die Didaktik spricht daher von ihnen im entsprechenden Sinne als von Zielen, die erreicht werden sollen. Der echte Wert gehört ganz und allein der Person.

20. Das Problem der Person

Ohne unseren Gedankengang über Gebühr auszuweiten, lässt sich zeigen, dass der (die) Personalismus (-men) nicht nur in engstem Zusammenhang mit den wissenschaftlich-philosophischen Problemstellungen unserer Tage steht, sondern sich in einer solchen inneren Stimmigkeit darbietet (was nicht bedeutet, dass er sich als ein „System" versteht), dass er sowohl eine Begründung der Person als auch eine Theorie der Person vorzulegen vermag. Darüber hinaus ist er noch zur Klärung vieler jener theoretischen und praktischen Probleme imstande, die unsere gegenwärtige kulturelle Lage mit sich bringt. Dabei geht es vor allem um Probleme der sozio-politischen und insbesondere der pädagogischen Praxis, aber auch um logisch-gnoseologische Probleme, wie sie in Wissenschaft und Philosophie auftauchen. Gegenüber denen, die den Personalismus nur für eine Bewegung halten, steht meine Überzeugung – und sie ist m.

E. durch die hier aufgezeigten Zusammenhänge untermauert worden –, dass die personalistischen Theorien mit vollem Recht Anerkennung auf dem Gebiet des methodologisch abgesicherten Wissens beanspruchen dürfen. Das heißt wiederum nicht, sie seien als abgeschlossene und erschöpfende Doktrinen oder Lehrmeinungen zu betrachten. Das ist vor allem – freilich nicht allein deshalb – so, weil die Person, deren Erforschung der Personalismus unternimmt, selbst und für sich selber immer Problem ist und bleibt.[51]

Dass der Personalismus von den Gegebenheiten und von der Erfahrung ausgeht, steht außer Zweifel. Freilich handelt es sich hier nicht um Erfahrung im Sinne des herkömmlichen Empirismus, denn die empirischen Daten werden hier sogleich und unmittelbar in einen Theorierahmen gestellt oder besser eingebunden, innerhalb dessen sie eine bestimmte Bedeutung gewinnen, und zwar nicht nur auf semantischer, sondern vor allem auf grammatikalischer und syntaktischer Ebene, also auf der Ebene des Ordnens und Klassifizierens. Und genau deshalb gibt es nicht einen Personalismus, sondern viele Personalismen; korrekter und dem heutigen Wissenschaftsverständnis entsprechend müsste man formulieren: „Theorien der Person". In der Tat muss man hier von Theorien bzw. von Theorieentwürfen reden, weil es um ein Verstehen und nicht um eine Erklärung der Person geht und weil dabei nicht analytisch-deskriptiv vorgegangen wird, sondern die Theorie als ein Vorschlag und als ein Angebot unterbreitet wird, das weiterer Untersuchung und Prüfung bedarf. Der personalistische Diskurs kann deshalb nie definitiv sein, und die Fragen – die offenen Probleme – behalten hier stets die Oberhand gegenüber den Antworten. Daher bedarf dieser Diskurs der Hermeneutik, damit sie, über die semiologische Bedeutung hinaus, den Sinn des Diskurses aufhellt. Die Argumentation hat Vorrecht gegenüber einer streng rationalen Vorgehensweise, und es lässt sich auch jener Restbestand (vergleichbar dem Kantischen Noumenon) nicht völlig leugnen, den Gabriel Marcel „Geheimnis"[52] genannt hat und das etwas ist, in das ich mich verwickelt finde und zu dessen Natur es gehört, nicht vollkommen vor mir da zu liegen. Es ist, als ob in dieser Zone die Unterscheidung zwischen dem *in mir* und dem *vor mir* ihre eigentliche Bedeutung verlöre." Kein Wissen beansprucht heute noch, von seinem For-

---

[51] Vgl. dazu Gabriel Marcel: L'homme problematique, Paris 1955; dt. Der Mensch als Problem, Frankfurt 1956.

[52] Dieses „Geheimnis" hat nichts Religiöses oder Fideistisches an sich, sondern will im Gegenteil ein logisch verstandener Begriff sein.

schungsgegenstand so zu sprechen, als ob alles gleichsam „vor mir“ läge: Immer besteht irgendeine „Verwicklung“. Wenn aber der Forschungsgegenstand das forschende Subjekt selbst – also die Person – ist, dann sind das „Ich“ und das „vor mir“ ein und dasselbe. Das könnte man nur leugnen, wenn man die Welt quasi in Klammern setzte, ein Wissen von sich selbst (vielleicht in der Form des Selbstbewusstseins) auch ohne die Voraussetzung irgendeines Wissens des anderen von sich für möglich hielte, oder das Subjekt auf die reine Transzendentalität reduzierte (und es so zum Verschwinden brächte). Könnte man dann noch von Dialektik oder von Interaktion sprechen? Diese Begriffe bezeichnen genau das Problem, um das es uns hier geht, viel weniger scharf als der Begriff des Geheimnisses: Jener bringt recht gut zum Ausdruck, dass das Forschen hier nicht an ein Ziel, an ein Ende und schon gar nicht zu einem definitiven Ergebnis kommen kann. Wenn ein solcher Abschluss des Fragens und Forschens hier abgelehnt wird, geschieht das freilich nicht aus bloßer Zuneigung zum Relativismus oder zum Skeptizismus. Vielmehr ist es die Einmaligkeit, Einzigartigkeit und Unwiederholbarkeit der Person, die das forschende Fragen immer wieder von vorne beginnen lässt. Wie könnte es auch anders sein, wenn die Person immer und überall etwas „Neues“ ist, und, um ihrer eigenen Existenz willen, jenen Horizont beständig neu strukturiert, in dem sie ihr Dasein lebt. Nur auf diese Weise werden jene „Verdinglichungen“ und „Entfremdungen“ vermieden, die die wahren Feinde für die Menschlichkeit des Menschen sind.

21. Das begründende Prinzip

Wir wollen an dieser Stelle die Einsicht von Max Scheler noch einmal aufnehmen, wonach es weder die Erkenntnisakte noch die Gesetze des praktischen Handelns sind, welche die Person konstituieren, weil der Grund des Erkennens und des Handelns im Personsein selbst liegt. Die Person ist also das PRIMUM, sie geht ihren Erkenntnisakten und ihrem praktischen Handeln voraus und ist gleichwohl auf diese hin intentional offen. Sie konstituieren also das empirisch Gegebene, von dem man existentiell und daher historisch auszugehen hat, auch wenn das Erkennen und Tun (wenn wir genauer sein wollten, müssten wir hier das Handeln [prattein] und das Machen [poiein] deutlich unterscheiden) gar nicht für sich genommen werden können, weil sie stets in jenen kulturellen Horizont eingebettet sind, in dem sich das Erleben der Person tatsächlich ereignet. Die Person vollzieht auf diese Weise jenen einheitsstiftenden Akt der Umgestaltung, von dem wir oben gesprochen haben. Indem sie ihre Akte reflektiert, versteht sie auch sich selbst, und zwar in einer sich schrittweise abzeichnenden Theoretisierung. Genau hier aber geht es um ein Verständnis des Problems der Person, ihres *Seins* und ihres *Seins in,* d. h. ihres *Daseins.* Aufgrund ihrer Intentionalität geht die Person über sich hinaus und öffnet sich in vierfacher Weise: auf sich selbst, auf das andere (die Welt), auf die anderen Menschen und auf das Sein hin. Will man diese vierfache Öffnung auf phänomenologischer bzw. auf historisch-existentieller Ebene nachvollziehen, so werden die angedeuteten Richtungen bestimmt durch die Identität des Ich mit sich selbst, durch das Leben mit den anderen, durch Akte des Erkennens und durch das praktische (und poietische) Tun. In ihnen manifestiert sich sowohl die Existenz in der Welt als auch ihre Spannung auf das Absolute hin. Man mag diese Haltung als religiös oder als gläubig bezeichnen, und man mag jene Manifestation auf die Ebene reiner Weltlichkeit beschränken, immer ist es eine empirische „Gegebenheit", welche die Wirklichkeit der Existenz verbürgt, genauer die Existenz des Konkreten. Aber diese „Daten" werden, nochmals sei es gesagt, nicht in ihrer chronologischen Abfolge aufgereiht, sondern sie werden geordnet und zu einer Einheit verschmolzen kraft des einigenden Prinzips, welches die Person ist. Damit ist sie wirklich das PRIMUM. Indem diese „Daten" zu einer Einheit werden, konstituieren und gestalten sie die Geschichte und die Kultur der Person, die durch beständiges Strukturieren und Neustrukturieren ihre ganz persönliche Bildung verwirklicht, indem sie kontinuierlich über sich hinausgeht.

Die Vielfalt (und Abfolge) der Erscheinungen des existentiellen Lebens müssen nicht nur alle auf das sie begründende Prinzip (die Person) zurückgeführt werden, sondern sie sind auch nur empirisch (oder aufgrund einer rein didaktischen Motivation) zu unterscheiden in Kenntnisse oder Handlungen, in Gedanken oder Gefühle, während in Wirklichkeit nur die Totalität der Person es ist, die über das reine Zusammentreffen dieser vielfältigen existentiellen Erscheinungen hinaus die Ganzheit und den Zusammenhang jenes Seins gewährleistet, das wir *Ich* nennen.

22. Die Person als PRIMUM

Diese Totalität der Person hilft am Ende alle jene Antinomien zu überwinden, die sich im Prozess der Kultur und besonders in der Geschichte des philosophischen Denkens angehäuft haben: Rationalismus vs. Irrationalismus; Logos vs. Eros; Bewusstes vs. Unbewusstes; Verstand vs. Gefühl; Theorie vs. Praxis; Erkenntnis vs. Tat, Individuum vs. Gesellschaft; Tatsache vs. Wert; Leib vs. Seele; Körper vs. Geist. Die Person nimmt für sich in Anspruch, über diese (und andere) Dualismen hinauszugehen, und sie hält sich für fähig, wirklich jenes PRIMUM und jenes Prinzip sein zu können, auf das eine jede Reflexion und Theoriebildung zurückgeführt werden muss. Und sie ist dieses PRIMUM, weil sie Person und nicht nur Individuum ist. Nur hier wird man im authentischen Sinne von einem Erleben sprechen können: ein Leben, das unmittelbar erfahren, aber auch mittelbar und konkret gelebt wird.

Dieses erste Kapitel unserer Überlegungen kann mit einem bekannten Aphorismus aus Sartres *„Das Sein und das Nichts"* – freilich personalistisch interpretiert – abgeschlossen werden. Sartre meint: „Ein Blick kann sich nicht selbst betrachten. Wenn ich auf den Blick schaue, erlischt er, und ich sehe nur Augen." Dem ist entgegenzuhalten, dass es gerade die Begegnung zweier Blicke ist, die aus der individuellen Verschlossenheit herausführt; gerade im Sich-Kreuzen zweier Blicke manifestiert sich auf der Ebene der existentiellen Erfahrung jene Intentionalität, die der Person und nicht dem Individuum zugehört; sie führt zu jenem Sich-Öffnen auf den anderen hin, und zwar in einem Akt des Verstehens, der Teilnahme und Liebe, nicht schon des rationalen Erkennens. Es ist dieser Blick der Person, der Leben schenkt und Geschichte macht. Gewiss bringen die Augen den Blick hervor und machen die Begegnung der Blicke möglich, aber ohne den Blick wären sie lediglich eine tote „Sache" ohne Sinn und Bedeutung: noch nicht die Person.

II. Die vierfache Wurzel

1. Der Ausgang von der Erfahrung

Die personale Erfahrung ist das erste und unerlässlich Gegebene, von der jeder pädagogische Diskurs und alles pädagogische Denken auszugehen hat: von der Erfahrung seiner selbst, die sich beständig verändert und dennoch ein Kontinuum darstellt, wäre dieses gleich nur Illusion oder Traum oder bloße Chimäre. Aus der Gegenüberstellung dieser Erfahrungen – der eigenen, aber auch jener, welche die anderen uns darbieten (und die wir so indirekt erfahren) –, gehen Vergleiche und Verallgemeinerungen hervor, und auf diese Weise gelangt man dazu, was man gewöhnlich Begriffe, Gesetze, Ideen, vielleicht auch allgemeine und universale Prinzipien nennt. Es lohnt nicht, diesen Vorgang hier im einzelnen nachzuvollziehen; genauso scheint es überflüssig zu sein, hier der Frage auf den Grund zu gehen, warum die Erfahrung sich mitteilt und an andere weitergegeben werden kann, eine Erfahrung, die immer ein Ganzes ist und dennoch nur vom einzelnen erfahren wird. Das Problem einer Sprache, die sich mitteilt und die mitteilt, ist auf jeden Fall an die Erfahrung des Selbst gebunden, auch wenn man sogleich fragen muss, warum allein die menschliche Erfahrung in symbolische Formen übersetzbar ist und so zur Entwicklung der menschlichen Kultur führen konnte.

Aber nicht davon soll in diesem zweiten Kapitel die Rede sein, sondern von diesem ersten „Gegebenen“, welches die menschliche Erfahrung darstellt: nicht diese oder jene Erfahrung, sondern die Erfahrung als solche, jene also, die ich mit Fug und Recht *meine* Erfahrung nennen kann; jene Erfahrung, die, da sie in irgendeiner Weise in mir real, d. h. wirklich vorhanden ist und die es mir erlaubt, von mir als einem *Ich* zu sprechen, das Erfahrungen macht. Tatsächlich wäre die Erfahrung als solche, als erstes Gegebenes, stumm, d. h. ein bloßes Faktum, das gar nicht ausgesagt und mitgeteilt werden könnte, wenn sie nicht vom Ich wahrgenommen und sich zu eigen gemacht würde. Am Anfang des Faktums steht immer ein *Akt,* der gar nicht auf rationale Weise gedacht und erkannt zu werden braucht; es genügt, dass er bemerkt wird – und nicht einmal „mit verstörtem und bewegtem Gemüt“, um mit Vico zu sprechen –, und zwar bloß als Ereignis, von dem man sagen kann, dass es gegeben ist: das Fühlen, wo man etwas fühlt, und damit jenes enge, wenngleich nicht immer ausgesprochene Band zwischen einem, der fühlt, und etwas, das gefühlt wird, also jene Verbindung von Subjektivem und Objektivem, die jedem Erfahren innewohnt.

Diese Erfahrung – wollen wir hoffen, dass hier nicht bewiesen werden muss, was von jedem unmittelbar festgestellt werden kann – erstreckt sich beim Menschen in einer zeitlichen Abfolge (was auch eine räumliche Lokalisierung mit sich bringt), in der sich die einzelnen Erfahrungen nacheinander einstellen. Diese Beobachtung hat die Sensualisten und die reinen Empiristen zu der These von der TABULA RASA verleitet und den Aufbau des Ich als die Summe und Synthese von aufeinanderfolgenden Erfahrungen interpretieren lassen; am Ende haben sie das Ich mit diesen Erfahrungen gar in eins gesetzt. Dass die *zeitliche Abfolge* ein (erstes) Ordnungskriterium für unsere Erfahrung darstellt, kann man nicht bestreiten; man hat es einfach zu konstatieren; man braucht dafür nicht einmal eine Legitimation zu geben, auch wenn es sich um eine Erfahrung handelt, die Kant den in der transzendentalen Ästhetik entwickelten Kriterien unterstellt. Man hat vielmehr festzuhalten, dass eine solche Abfolge *Dauer* hervorbringt, d. h. eine Zeit des Erfahrens, die durch Erfahrung selbst konstituiert wird und mit ihr ein einheitliches Ganzes bildet. Das ist möglich, weil der Mensch mit Hilfe des Gedächtnisses sich bereits gelebte Erfahrungen wieder vergegenwärtigen und von neuem aktuell erfahren kann, so dass aus der Kontinuität einer Vergangenheit mit der Gegenwart die Erwartung eines Danach und schließlich die Hoffnung (auch sie wird erfahren!) auf eine Zukunft erwächst. Es handelt sich dabei um jene „psychologische“ Zeit, auf die Augustinus sein Augenmerk gerichtet hat, der bekanntlich von der gelebten Erfahrung des Gegenwärtigen (das zugleich auch Erinnern der Vergangenheit und Erwartung der Zukunft ist) PER ANALOGIAM (also mit Hilfe einer Analogie) auf die ewige Gegenwart Gottes geschlossen hat. Man weiß, dass der Mensch und die ganze menschliche Zivilisation später begann, kraft gemeinsam vereinbarter Maßeinheiten diese Zeiterfahrung zu messen, vor allem, um leichter darüber reden zu können; gleichzeitig darf man aber den rein pragmatischen Charakter eines solchen Messens nicht verkennen, das lediglich in sehr eingeschränkter Hinsicht als „objektiv“ bezeichnet werden kann.

2. Erfahrung seiner selbst

Es ist unsere Absicht, hier eine Radiographie oder besser eine Phänomenographie der menschlichen Erfahrung zu geben, wie sie sich *vor* jeder Theoretisierung, die immer schon eine Interpretation wäre, zeigt. Freilich wissen wir, dass es eine reine und gewissermaßen „sterile" Beschreibung nicht geben kann; auch unsere bisherigen Überlegungen sprechen gegen eine solche utopische Vorstellung. Man braucht nur an das innige Verhältnis von Tatsache und Akt zu erinnern, das wir eben schon angedeutet haben, um sogleich zu sehen, dass jeder naive Positivismus und jeder krude Realismus ausgeschlossen werden muss. Die Tatsachen sprechen nur, d h. sie sagen nur etwas, wenn man sie befragt. Und schon dieses Fragen, das „Befragen" der Tatsachen also, setzt voraus, dass man problematisiert und damit den ersten Schritt zur Theoretisierung unternimmt. Das Fichtesche Dilemma – ob einer dogmatisch oder kritisch verfahren will – steht am Beginn eines jeden Diskurses. Das heißt natürlich nicht, dass die Entscheidung für die eine oder für die andere Theorie unmotiviert wäre; vielmehr bildet auch die Erforschung der Motivationen einen Teil jenes ersten Fragens, in dem sich die menschliche Neugierde manifestiert, die – wie schon oft gesagt wurde – der Antrieb allen Wissenwollens ist.

Wenn wir den Versuch einer Radiographie bzw. einer Phänomenographie – nicht einer Phänomenologie, die bereits eine Theoretisierung darstellen würde – der menschlichen Erfahrung unternehmen, dann müssen wir, so weit es möglich ist, alle apriorischen Annahmen ausschließen und uns um die einfachste, gleichsam augenscheinlichste Antwort auf die Frage nach der menschlichen Erfahrung bemühen.

Zunächst stellen wir dabei fest, dass die Erfahrung veränderlich und deshalb vielfältig ist; anders ließe sich nicht einmal von ihr sprechen. Sodann gliedert sie sich in die Abfolge eines Zuvor und eines Danach, ohne dass damit schon die Formulierung eines Zeitbegriffes notwendig wird; diese Abfolge lässt eine Kontinuität (oder auch Diskontinuität) gewahr werden, denn man hat einmal die Erinnerung an die vorhergehende Erfahrung, und man sieht sich ein andermal einer gegenwärtigen Erfahrung gegenüber. Wenn die einzelnen Erfahrungen sich nicht in sich selbst erschöpfen und wenn das Ereignis nicht nur zwischen einem Nichts vorher und einem Nichts nachher aufleuchtet – wie es ein bestimmter Existentialismus sieht –, dann nötigt jene Kontinuität (sei sie gleich diskontinuierlich) zwischen den vielen aufeinanderfolgenden Erfahrungen zur Annahme eines Etwas, das diese Erfahrungen macht und die Abfolge der Erfahrungen konstituiert: eine ununterbrochene Linie (die Aufeinanderfolge der Erfahrungen; eine Fülle, die sich anreichert) oder ein Behälter (der auch diskontinuierliche Erfahrungen aufnimmt). Jedenfalls ist es ein Etwas, auf das sich die Erfahrungen beziehen und auf das sie sich stützen. Dieses Etwas wird gemeinhin als *Ich* bezeichnet, auch wenn man sogleich hinzufügen muss, dass sich, sobald man Fragen im Hinblick auf dieses Ich, auf seine Natur oder Struktur und hinsichtlich des Verhältnisses dieses Ichs (des möglichen Behälters) zu den gelebten Erfahrungen (als dem möglichen Inhalt) stellt, ein ganzer Horizont möglicher Deutungen und Theoretisierungen auftut, der sowohl monistische als auch dualistische, sowohl empirische als auch metaempirische (und daher auch metaphysische) einschließt.

3. Das Subjekt der Erfahrung

Halten wir noch einmal fest: Wir wollen möglichst nahe bei dem *Gegebenen* bleiben. Aber wenn es Erfahrungen gibt, wie können diese sein, ohne jemanden, der diese Erfahrungen macht? Wir sprechen ausdrücklich von einem Jemand, weil es sich auf jeden Fall um ein Subjekt handelt, das die Erfahrungen macht, so dass die Erfahrungen als die Objekte seines Erfahrens erscheinen. Aber löst sich das erfahrende Subjekt nicht ganz in dieser Erfahrung auf? Wird es nicht in sie überführt, und „objektiviert" es sich nicht in ihr? Wenn dies so wäre, gäbe es weder die Möglichkeit, sich der vergangenen Erfahrung zu erinnern, noch die der Gegenüberstellung und des Vergleichens von Erfahrungen. Beide Möglichkeiten aber sind nicht zu bestreiten.

Man muss offenbar von einer weiteren Erfahrung ausgehen: jener, in der man die gelebten Erfahrungen fühlt, wahrnimmt und sich ihrer bewusst wird (diese und andere vertraute Begriffe bringen freilich von neuem die verschiedensten Theoretisierungen und Deutungen ins Spiel). Auf diese oder jene Weise begegnet uns im Menschen immer eine Metaerfahrung, die uns überhaupt erst das Ich als erfahrendes Subjekt erkennen lässt und die dieses Ich – lebt es gleich von seiner

Erfahrung – nötigt, diese Erfahrung gewissermaßen zu überschreiten. Sei es, wie es sei; wenn die Erfahrungen *meine* Erfahrungen sind, dann muss von einer Identität dessen ausgegangen werden, der sie erfährt: eben des Ich. Ich bin immer Ich. Dasselbe Ich, das mit Hilfe des Gedächtnisses eine frühere Erfahrung mit dem gegenwärtig Erfahrenen vergleichen kann, so dass ich zu sagen vermag: ich lebe meine Erfahrungen, oder auch: ich bin meine Erfahrungen, und zwar *meine* Erfahrungen; auch die Erfahrungen der anderen sind meine Erfahrungen, sofern sie mir mitgeteilt werden und ich sie in gewisser Weise zu meinen eigenen werden lasse.

Die subjektive Erfahrung ist immer begrenzt; das rührt daher, dass man nur das Aktuelle, das Gegenwärtige erfahren kann, und notwendigerweise ist auch das Erinnern vergangener Erfahrungen nur eine Vergegenwärtigung (und Analoges lässt sich im Hinblick auf Zukünftiges sagen). Es handelt sich stets um eine begrenzte Erfahrung, weil es immer nur um eine begrenzte Zahl von Erfahrungen geht, wie viele und welcher Art (solche, die wir real nennen, aber auch jene, die dem Reich der Träume, der Illusion und der Utopien angehören) sie auch sein mögen. Gewiss kann man auch jene Erfahrungen mitbedenken, die oft irreführend als Erfahrungen des Unendlichen bezeichnet werden, wenngleich man sich sofort vor Augen stellen muss, dass es auch hier um eine begrenzte Erfahrung (des Unendlichen) geht, denn das „Unendliche" begegnet uns hier als rationaler Begriff und nicht als Gegenstand unserer Erfahrung.

Wir haben festgestellt, dass das Ich auch über die Erfahrungen von anderen verfügen kann, wenn darüber kommuniziert wird. Wie eine solche Kommunikation aussieht, d. h. was man sich dabei eigentlich mitteilt, ist eine Frage, die von den Kommunikationswissenschaften untersucht wird. Hier genügt es festzustellen, dass es eine solche Kommunikation gibt, die auf jeden Fall „bilateral" ist, sofern das Ich die Mitteilung des anderen entgegennimmt, diesen als ein Du betrachtet, dem es seinerseits wiederum eigene Erfahrungen mitteilen kann. Diese Kommunikation wird so ausdrücklich zum Dialog zwischen zwei Ichs, von dem abwechselnd das eine oder das andere die Rolle des Du übernimmt.[74] Es handelt sich dabei – wohlgemerkt – um die

---

74 Eine grundlegende Schrift zum Problem des Dialogs stellt noch immer Martin Bubers Ich und Du (1927) dar. Daneben sollte man aber nicht die gewichtigen Beiträge übersehen, die von anderen Denkern zu diesem Problem geliefert worden sind, vor allem von Guido Calogero, Nicola Abbagnano, Karl Jaspers, Louis Lavelle, Gabriel Marcel, Emmanuel Mounier und Luigi Stefanini. Vgl. dazu meinen Artikel „Dialogo" im Nuovo Dizionario di Pedagogia, Rom 1982, S. 324-330.

beiden ersten Begriffe, von denen der grammatikalische Aufbau der menschlichen Sprache ausgeht. *Ich* und *Du, Du* und *Ich;* jedes ein Ich, das Erfahrungen macht und in der Lage ist, diese dem anderen mitzuteilen. Zweifelsohne ist das Mitgeteilte selbst etwas Anderes, ein Gegenstand, eben eine Erfahrung, die sich durch das Mitgeteiltwerden von der Bindung an das Ich und an das Du befreit und sich dabei als jenes *Es* zeigt, worüber man spricht und welches mitgeteilt wird.

Die Kommunikation setzt die Öffnung des Ich zum Anderen, zum Du hin, voraus; sie bedeutet die Anerkennung anderer existierender Ichs, die mir ähnlich sind und über andere, und zwar nicht nur analoge oder gar identische Erfahrungen verfügen. Sie können wie ich in der Gegenwart leben, sie können mir räumlich entfernt sein, sie können aber auch einer Vergangenheit angehören, die sich nicht in der direkten Form des Dialogs, sondern auf andere Weise mitteilt. Die anderen repräsentieren also die Menschheit und ihre Geschichte, d. h. das Insgesamt der Erfahrungen der anderen einschließlich aller „Klitterungen", denen sie ausgesetzt worden sind.

Man mag einwenden, dass es sich bei dem bisher Gesagten, ganz im Sinne Vicos, bloß um eine Gewissheit handelt, die noch nicht zur Wahrheit geworden, d. h. noch nicht theoretisch begründet worden ist. Dagegen wäre zu bedenken, dass ohne einen solchen Anfang – bei eben diesem Gegebenen – jede Beschreibung, die man vom Menschen geben wollte, quasi in der Luft hinge und ihrer empirischen Grundlage entbehrte.

4. Der Sinn der Erfahrung

Es geht uns also um wirklich grundlegende Fragen: *Ich und Du;* meine Erfahrungen und die Erfahrungen anderer; *Kommunikation* und *Dialog* zwischen Ich und Du, aber auch zwischen dem Ich und ihm selbst („meine" Erfahrung; die Erinnerung; die Konfrontation von eigenen Erfahrungen). Dieser interpersonale und der intrapersonale Dialog erlauben es, vom Ich (und seiner Identität als einem Wesen, das es selbst bleibt, ohne je ein anderes zu werden) zu sprechen, und zwar auch vom Ich des Anderen und der anderen: dem einzelnen und den vielen, der Menschheit und ihrer Geschichte. Und ebenso erlaubt er, das zu unterscheiden, wovon man spricht, eben jenes Was, also die Erfahrung, über die man redet und die man mitteilt. Dabei wird offenbar nicht ausgeschlossen, dass der andere auch Gott (das Ganze, das Absolute oder das Unendliche) sein kann, auf den hin die Begrenztheit des Ich bezogen wird, so dass in dem Umkreis der Erfahrungen auch jene – mystische oder fideistische – Erfahrung des Unendlichen Platz findet, die uns dann von religiöser Erfahrung sprechen lässt.[75]

Offenbar werden also die Erfahrungen nicht nur im Hinblick auf das menschliche Erfahren betrachtet, sondern auch im Hinblick darauf, was jeder – wie es die Alltagssprache ausdrückt – an *Erfahrungsinhalten* anzubieten hat; und das führt uns unmittelbar zum Problem der Interpretation. Die erste Deutung jenes Erfahrens, die man gewöhnlich als Erkenntnis bezeichnet, führt zum Aufbau des Wissens, genauer: der verschiedenen Wissensgebiete, und die Wissenschaft versteht sich vor allem als Feststellung oder Beschreibung dessen, was ist (eben die Erfahrung). Sodann schreitet sie mit Hilfe des Vergleichs und der Abstraktion zu jener Begrifflichkeit weiter, die schließlich Bedingung und Fundament alles „Wahren" wird. Es geht um Begriffe und Bedeutungen, oder besser: um den Sinn von Bedeutungen, und man hat dann nicht mehr das nackte empirische „Datum" vor sich, sondern das Wissen in der Vielfalt vermittelter Beziehungen und in der Verschiedenheit der Erkenntnisweisen.[76] Vor jeder derartigen erkenntnistheoretischen Überlegung und – wenn man so will – an seiner Basis könnte man auch das menschliche Handeln und das Machen als ein Erstes nehmen. Man ginge dann von der praktischen und nicht von der theoretischen Erfahrung aus und hätte auf jeden Fall das Verhältnis zwischen den beiden Polen der Praxis und der Theorie genauer zu bestimmen. Zu der Auffassung, die den Primat der Theorie (des Erkennens) gegenüber der Praxis (dem Handeln und dem Machen) vertritt, gesellt sich also eine andere hinzu, die umgekehrt auf dem Primat der Praxis beharrt. Davon wird später noch die Rede sein müssen. Uns

---

[75] Es liegt auf der Hand, dass die Glaubenserfahrung nicht ohne weiteres mit religiöser Erfahrung als solcher gleichgesetzt werden kann, weil diese stets den Bezug auf etwas „Objektives" einschließt, und zwar in jeder Religion. Und dennoch gibt es auch dabei eine dem äußeren Zugriff entzogene „Innerlichkeit" und etwas der Kommunikation Entrücktes, das sich immer auf jenes ganz Andere, verstanden als Absolutes, Unendliches, Ganzes etc. hin öffnet.

[76] Hier muss man deutlich zwischen Erkennen und Wissen unterscheiden, wobei dieses zweite immer rationaler Natur ist; freilich ist diese Ratio des Menschen endlich und begrenzt (und also geschichtlich), und sie bedient sich deshalb der unterschiedlichsten methodischen Vorgehensweisen.

interessiert fürs erste nur, dass mit den beiden Hinweisen auf Theorie und Praxis die Phänomenbeschreibung der primären menschlichen Erfahrung, d. h. der personalen Erfahrung des einzelnen, scheinbar vollständig gegeben ist.

Gleichwohl taucht im selben Augenblick, in dem die beiden menschlichen Verhaltensweisen des Erkennens und des Handelns gegeneinander abgegrenzt werden, unvermeidbar eine andere Frage nach der Erfahrung auf. Diese Frage greift über das *Was* und das *Wie* hinaus und richtet sich auf das Woher und Wohin. Warum menschliche Erkenntnis und warum menschliches Handeln und Machen? Noch bevor von irgendeiner Theoriebildung her eine begründete Antwort auf diese Frage gegeben werden kann, wird das Warum selbst zur Frage. Warum stellt sich der Mensch und – so weit wir wissen – nur er die Frage nach dem Warum? Und auch hier wird man sofort darauf aufmerksam, dass diese Frage, sei sie gleich in der Gegenwart gestellt, sich sowohl in Richtung auf das Vorhergehende – also auf die Vergangenheit – als auch auf das Folgende – also auf die Zukunft – erstreckt. Die Warum-Frage wendet sich einmal dem Vorher – dem Grund, den Bedingungen, der Vorgeschichte, dem A QUO – und einmal dem Nachher, dem Ergebnis, dem Ausgang, der Bestimmung, dem AD QUEM – zu. Und das gilt sowohl für die (theoretische) Dimension des Erkennens als auch für die (praktische) Dimension des Handelns.[77]

Diese Fragen, die dem menschlichen Erkennen und Handeln eine bestimmte Bedeutung verleihen wollen, gewinnen ihren authentischen Sinn in dem Augenblick, da sich das Ich sich selbst gegenüberstellt, d. h. seinem theoretischen und praktischen Verhalten. Die Frage nach ihrer Bedeutung zu stellen heißt zugleich, nach dem Sinn des Ich, nach dem Sinn des Lebens und nach der Bestimmung des Menschen zu fragen. Dazu verurteilt, nicht nur zu leben, um zu überleben – wie es das Los aller anderen Lebewesen ist, die folglich den unerbittlichen Gesetzen des Stärkeren unterworfen sind – befindet sich und lebt der Mensch inmitten eines Geflechts von Möglichkeiten, aus dem er emporsteigen kann, um nicht nur als Lebewesen zu vegetieren, sondern um ein menschliches Leben zu führen. Auch hier tun sich mannigfaltige Möglichkeiten der Theoriebildung auf: Natura-

---

77 Immer gibt es ein A QUO (Woher) und ein AD QUEM (Wozu), auch wenn jede Theorie den beiden Termini eine unterschiedliche Bedeutung verleiht. Aristoteles selbst bestätigt das, wenn er vier Ursachen unterscheidet, und Schopenhauer tut ähnliches, wenn er über die vierfache Wurzel des Satzes vom zureichenden Grunde handelt.

lismus oder freie Wahl, Naturbestimmung oder Freiheit? Setzen wir auch die beiden extremen Pole in Antithese zueinander, so weiß doch jeder, wie vielfältig und reich die Zwischenskala der Antworten ausfällt, welche die menschliche Kultur und Zivilisation im Laufe der Zeit gegeben hat.

Kultur und Zivilisation sind Begriffe, die sich auf die Geschichte des Menschen beziehen. Sie werden auch dort gebraucht, wo man von einem ungebildeten und unzivilisierten Menschen spricht. Beide Begriffe haben im Laufe der geschichtlichen Entwicklung unterschiedliche Bedeutungen angenommen.

5. Die Bestimmung der Person

An dieser Stelle unserer Überlegungen erscheint es hilfreich, an jene berühmte Terzine in Dantes *Inferno* zu erinnern: „Bedenkt, aus welcher Saat entkeimt wir gelten! Und strebten wir nach Tugend nicht und Wissen, so dürfte man mit Recht uns Tiere schelten" (XXVI. Gesang, Verse 118-120). Man braucht nur einen Augenblick zu erwägen, auf wie vielfältige Weise dieser Auftrag, Tugend und Wissen zu suchen, ausgelegt und gedeutet werden kann, um sogleich zu sehen, wie viele Theorien bzw. Theorieentwürfe möglich und allesamt plausibel sind. Auf jeden Fall aber gilt: Der Mensch ist zum Streben nach Tugend (Praxis) und zur Suche nach Wissen (Theorie) bestimmt, sei es aufgrund eines Naturgesetzes oder sei es aufgrund einer personalen Wahl und Entscheidung. Diese Bestimmung scheint zu jenen „Gegebenheiten" zu gehören, welche die menschliche Erfahrung konstituieren. Man spricht vom HOMO SAPIENS, vom HOMO FABER, vom HOMO LOQUENS, und in jedem Falle handelt es sich um den Menschen, dem eine deutliche „Bestimmung" zugewiesen ist, nämlich nach Erkenntnis und nach Tüchtigkeit zu suchen. Kann der Mensch diese Bestimmung verfehlen, d. h. sich ihr entziehen? Hier stoßen wir auf eine andere Weise, nach jenem „Warum" zu fragen, bei dem wir oben stehen geblieben waren.

Dieses wie auch immer artikulierte „Warum" spitzt sich auf die entscheidende Frage zu: „Warum führe ich dieses Leben, und warum wähle ich nicht ein anderes?" Aber gibt es überhaupt die Möglichkeit zu einem anderen Leben? Das sind Fragen, die der Mensch an sich selbst richtet. Offensichtlich gibt es die Möglichkeit einer Alternative – eine Möglichkeit, die allen anderen Lebewesen versagt oder für sie zumindest aufs Äußerste eingeschränkt ist. Sie wirft die Frage auf, wie diese Alternative gelebt und vor allem, wie ihre Berechtigung aufgewiesen werden kann.

Die verschiedenen Antworten, die auf diese Fragen *theoretisch* möglich und *argumentativ* plausibel erscheinen, bewegen sich allesamt in dem Spielraum, der sich zwischen den beiden Formeln „Sei, wie du bist" oder „Sei, der du bist" und der anderen „Sei, der du sein willst" erstreckt, wobei jenes „du willst" sowohl „du sollst" als auch „du kannst" heißen kann. Auf die zentrale Frage zugespitzt geht es um Naturalismus – also darum, einer Naturgesetzlichkeit folgen zu müssen, der man sich nicht entziehen kann – oder um eine andere Möglichkeit. Aber, so stellt sich die Frage, um welche? Zu welchem Ziel, aus welchem Grund und mit welcher Motivation? Letztendlich richtet sich die Frage darauf, welches die Bedingungen der Möglichkeit sind, anders zu wollen (zu können und zu sollen)? Diese Frage wird unumgänglich zu einer pädagogischen, weil mit ihr das Schicksal und die Bestimmung des Menschen, nicht nur seine Notwendigkeit und Determiniertheit ins Spiel gebracht werden. Es geht um den Rang, in den Dante das Erkennen und das sittliche Handeln als die wahren Ziele des menschlichen Weges gehoben hat. Was heißt es, Wissen und Tugend anzustreben? Anscheinend heißt es nichts anderes, als so viel wie möglich *und* das Viele so gut wie möglich zu erkennen und nach dem Maß der eigenen möglichen Vollkommenheit zu handeln. Warum aber? Etwa deshalb, damit die Quantität und die Qualität des Wissens gesteigert, die Erträge der menschlichen Praxis vermehrt werden und nicht vielmehr darum, dass die Person, genauer jede Person, zum *Höchstmaß ihres eigenen Seins* gelangt?[78]

Es scheint, als habe man häufig vergessen, dass die Begriffe „Kultur" und „Zivilisation" als Konnotationen des Menschlichen niemals von ihrer Referenz abgetrennt werden können. Ihr Bezugspunkt ist immer die Person, sei es die einzelne oder sei es die Geschichte der Menschheit und der Völker. Es ist immer das Sich-Bilden und das Sich-Zivilisieren innerhalb der in Raum und Zeit gegebenen Möglichkeiten, das den Begriffen Kultur und Zivilisation ihren Bedeutungsgehalt zuweist. Hier haben wir es mit einem weiteren Gegebenen der Er-

---

[78] Mit „Höchstmaß" ist hier gemeint, was einem jeden einzelnen möglich ist. Dabei handelt es sich ohne Zweifel um eine metaphorische Redeweise, die nach allen Modalitäten hin ausgelegt werden muss, in die sich das menschliche Leben erstreckt.

fahrung zu tun. Und wenn es nicht so wäre, stünde der Mensch unweigerlich auf der gleichen Ebene mit allen anderen Lebewesen; er wäre bloß das Resultat waltender Naturkräfte oder Naturgesetze. Einer solchen Auffassung vom Menschen als reinem „Ergebnis“ und als bewirktem „Ereignis“ stellt sich eine Deutung des Menschen als Person entgegen, die ihn von seiner eigenen Aktivität her begreift, einem Tätigsein, das seine „primäre Erfahrung“ – bei der unsere Überlegungen angesetzt haben – zugleich ausmacht und bestätigt.

Man spricht mithin von einer menschlichen Kultur und Zivilisation – auch sie sind Gegebenes –, weil jede Person sich auf diese oder jene Weise um Kultur und Zivilisation bemüht und so sich selber bilden und zivilisieren will. Und was wäre das, wenn nicht ein Sich-selbst-Erziehen, d. h. ein Sich-Bilden in und aufgrund seines wahren Menschseins?

Aus dem bisher Erörterten geht hervor, dass sich dieses Menschsein in vier Richtungen, Dimensionen oder Kategorien erstreckt, die sich folgendermaßen bezeichnen und beschreiben lassen: als a) *Innerlichkeit,* b) *Gesellschaftlichkeit* (Sozialität), c) *Theorie* und d) *Praxis.* Dabei meint a) das (intrapersonale) Verhältnis des Menschen zu sich selbst; b) die (interpersonale) Beziehung des Ich mit dem Du; c) das Erkennen, aus dem sich das Wissen aufbaut und die Kultur erwächst; und d) das Handeln und Machen – gemäß der griechischen Unterscheidung von Handeln (prattein) und Machen (poiein) - der einzelnen Personen, aber auch, wieder im Sinne Vicos, der Völker und der Nationen.

6. Dimensionen der Person

Wenn wir diese „Charakteristika“ einer (lediglich) radiographischen Untersuchung unterziehen und uns noch jeglicher Theoretisierung enthalten, dann wird sich nicht nur zeigen, ob diese tatsächlich die menschliche „Wirklichkeit“ erschöpfen können, sondern es wird vor allem deutlich werden, was mit diesen vier Termini[79] gemeint ist.[80] Da wir bisher nur

[79] Es wird hier in der Übersetzung das Fremdwort Terminus beibehalten, weil es besser als das deutsche „Begriff“ das vom Verfasser Gemeinte zum Ausdruck bringt:

versucht haben, ein Profil der Person zu zeichnen, können wir ähnlich weiterverfahren und nun visuell mit der Figur eines Quadrates eine hinreichend klare Beschreibung der Wirklichkeit Mensch als die erste „Gegebenheit" für jede Theoriebildung wagen.

Wenn wir die vier Eckpunkte des Quadrates mit den Buchstaben I *(Innerlichkeit;* das Ich), S *(Sozialität;* das Du), T *(Theorie;* Erkenntnis, Kultur), P *(Praxis;* Handeln; Machen; Zivilisation), bezeichnen, können wir im Schnittpunkt der beiden Diagonalen als Zentrum MP (die *menschliche Person*) eintragen, und wir erhalten eine Anzahl von Dreiecken, die wir im einzelnen betrachten wollen. Folgende Dreiecke sind möglich:

---

vier Richtungen, auf die die menschliche Aktivität hinzielt. Vgl. dazu auch die nachfolgende Anmerkung des Verfassers. [Anm. d. Übers.]

80 Diese vier „Termini" sind mehr als „Richtungsanzeigen" zu verstehen. Wir könnten sie auch als formal bezeichnen oder besser noch als „Grundstrukturen", da sie die verschiedenen Modalitäten aller möglichen individuellen, sozialen, theoretischen und praktischen Inhalte aufnehmen können, die der Mensch konkret lebt. Es will uns scheinen, dass es andere und zusätzliche „Richtungen" nicht gibt. Auch der religiöse Glaubensakt wurzelt letztlich in der Innerlichkeit des Menschen.

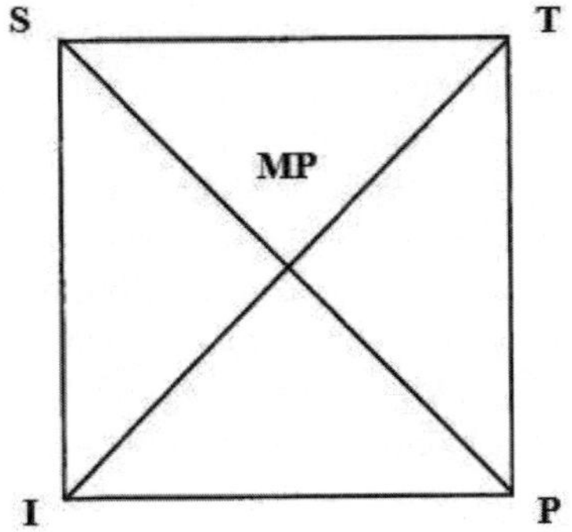

IST = Innerlichkeit – Sozialität – Theorie
IPT = Innerlichkeit – Praxis – Theorie
STP = Sozialität – Theorie – Praxis
SIP = Sozialität – Innerlichkeit – Praxis

aber auch:
I(MP)S = Innerlichkeit – (MP) – Sozialität
I(MP)P = Innerlichkeit – (MP) – Praxis
T(MP)S = Theorie – (MP) – Sozialität
T(MP)P = Theorie – (MP) – Praxis

Nehmen wir die Diagonale hinzu, erhalten wir zudem:
I(MP)T = Innerlichkeit – (MP) – Theorie
S(MP)P = Sozialität – (MP) – Praxis

Um Missverständnisse zu vermeiden, sei gesagt, dass die hier angegebene Reihenfolge keineswegs eine bestimmte Rangordnung bezeichnen soll; auch die umgekehrte Abfolge wäre völlig plausibel. So ist z. B. I S T gleich T S I, denn unser Interesse gilt den Beziehungen und den zahlreichen Übergängen, die zwischen den einzelnen Termini bzw. „Richtungen" möglich sind. Die Beziehung I S, also die Kommunikation zwischen Ich und Du, kann sich, wenn sie sich vermittels von Erkenntnis und Theorie (T) vollzieht, in jene Vielfalt und Mehrdimensionalität von Wissen über den Menschen ausfalten, die es am Ende erlaubt, von jenen vielen Wissenschaften vom Menschen zu sprechen, die häufig als Humanwissenschaften bezeichnet werden. Diese wiederum unterscheiden sich untereinander dadurch, dass sie ihr Forschungsinteresse einmal der Innerlichkeit (z. B. die Psychologie, aber auch die Theologie), ein andermal der Sozialität (z. B. Soziologie oder Kulturanthropologie) zuwenden.[81]

Eine analoge Überlegung lässt sich im Hinblick auf die Beziehung S I P anstellen, bei der das Band zwischen S und I durch das Handeln und durch das Machen geknüpft wird; alles, auch das individuelle Verhalten, bringt, im gesellschaftlichen und historischen Kontext, Veränderungen – „Ergebnisse" – hervor. Von daher lässt sich von einer „pragmatischen Dominante" sprechen, die wir auch in dem Gefüge der Sozialwissenschaften (S T P) antreffen, welche auf den verschiedenen Praxen beruhen (z. B. Wirtschaft, Statistik, Politik und vor allem die Geschichte als HISTORIA RERUM GESTARUM; also die Geschichte der Geschehnisse). Was die Pädagogik als die Wissenschaft vom erzieherischen Handeln betrifft, so werden wir diese Frage weiter unten aufnehmen.

Die Beziehung von Theorie und Praxis im Hinblick auf I (I P T) legt nicht nur den Akzent auf das Ich als Produzenten und Autor von Wissen (HOMO SAPIENS) und von Handlungen (HOMO FABER), sondern bringt auch ans Licht, dass das Bewusstsein, welches das Ich von sich selbst und von seinen Inhalten hat (und zwar von den oben erörterten primären Erfahrungen bis hin zu dem von der Philosophie als Problem behandelten Selbstbewusstsein) auf das engste an das (ethisch-soziale) Handeln und an das hervorbringende Tun (einschließlich Poesie und Kunst) gebunden ist, sei es, weil sich in dieser Praxis mehr oder weniger explizit und erschöpfend die innere Erfahrung – oder die Erfahrung der eigenen Innerlichkeit – zum Ausdruck bringt, oder sei es, weil die Inhalte der Erfahrung in aller Regel aus der Praxis geschöpft werden. Auf diese Weise wird man nicht nur jenes praktischen, mit magischen Riten, Initiationen und den Liturgien der verschiedenen Religionen verbundenen und in ihnen Gestalt annehmenden Wissens ansichtig, sondern auch jener Akte der Meditation, der Reflektion und der Kontemplation, die nur in wirklich außergewöhnlichen Fällen längs der Diagonale I (MP) T direkt angesiedelt sind, wie z. B. bestimmte mystische Einstellungen oder die einigen Philosophien einwohnenden Merkmale der Apathie und Ataraxie. Auch jenes „Einswerden mit dem Ganzen" (oder mit dem Absoluten), wie es von manchen Religionen, aber auch von einigen Philosophien

[81] Es braucht eigentlich nicht erwähnt zu werden, dass wir mit diesen als exemplarisch zu verstehenden Richtungsangaben nicht eine Taxonomie der Humanwissenschaften liefern wollen.

oder Theosophien angestrebt wird, kann sich schwerlich nur auf rein theoretischem Wege – I (MP) T – einstellen, und es muss zumindest teilweise die Praxis mit einbeziehen. So ist beispielsweise für Spinoza das höchste Wissen der AMOR DEI INTELLECTUALIS, und für den Christen muss sich der Glaube im Akt der *Nächstenliebe* bezeugen; sowohl Liebe als auch Nächstenliebe gehören aber der Praxis an.

Diese Beobachtung führt uns zu der Einsicht, dass auch die Beziehung I (MP) P danach verlangt, in den gesellschaftlichen Kontext (S I P) eingestellt zu werden. Das christliche Gebot, Gott zu lieben, indem man den Nächsten liebt – diesem Imperativ entspricht der andere: „Liebe deinen Nächsten wie dich selbst“ – kann dafür als geradezu paradigmatisch gelten. Diese Nächstenliebe manifestiert sich in den verschiedensten Formen der „sozialen Hilfe“ und Beistandsleistung, aber auch in den Kampagnen gegen den Hunger in der Welt, für die Eingliederung von Randgruppen, für den Frieden und ähnliches.[82]

7. Der Mittelpunkt der Erfahrung

Es muss deutlich bleiben, dass die Einzelerörterung von solchen Dreiecksbeziehungen, die mit I (MP) S, S (MP) T, S (MP) P, T (MP) P weitergeführt werden könnte – gerade diese letzte Beziehung würde angesichts des im Lichte des Zusammenwirkens von Wissenschaft und Technik betrachteten Verhältnisses von Theorie und Praxis eine genauere Untersuchung verdienen – keineswegs die einzelnen Segmente oder Verhaltensweisen isolieren will, als ob es darum ginge, einzelne Momente an diesem oder jenem Punkt genau zu verorten.

Mit einem einzigen Blick kann man erkennen, dass alle Beziehungen durch den Mittelpunkt MP: die menschliche *Person* hindurchlaufen; in diesem gemeinsamen Mittelpunkt sind alle einzelnen Segmente oder Verhaltensweisen miteinander verbunden, und von ihm gehen sie alle aus. Mit anderen Worten: Es ist die Person, d. h. das Menschenwesen in seiner Einzigkeit und Einzigartigkeit, welches

---

[82] Diese Beispiele machen deutlich, dass wir mit unseren „Richtungen“ nur eine gemeinsame Basis anbieten wollen. Auf dieser Grundlage errichtet jede „Theorie“ ihre je eigenen Variablen, die sie dann als „These“ (Setzung) ausweisen und von anderen „Thesen“ unterscheidbar machen.

als *Ich* in Bezug zu einem *Du* tritt; sie bringt theoretisch und praktisch das *Es,* d. h. die Kultur und die Zivilisation hervor, indem sie sich selbst, wie bereits gesagt wurde, kultiviert und zivilisiert. Dabei dürfen diese beiden Begriffe nur nicht kategorisch eingegrenzt oder gar eindeutig definiert werden; sonst ließe man ja die primäre Gegebenheit der Erfahrung außer Acht, die sich gerade in der Veränderung und deshalb in der mannigfaltigen Verschiedenheit der existentiellen Lebenssituationen zeigt, in denen die einzelnen Personen konkret, d. h. empirisch und geschichtlich leben.

Auch die direkten Beziehungen, die mit den vier Seiten des Quadrates – IS, ST, TP, PI – veranschaulicht werden, sind nur möglich, bestehen nur und lassen sich nur verifizieren, weil es ein MP gibt, das sie stiftet und herstellt. Jenes MP, also der Mensch in seiner personalen Einzigartigkeit, stellt zugleich auch jenes I des Ich und seiner Innerlichkeit dar, das sich allerdings nicht nur auf sich selbst zurückwendet, sondern auch allen anderen Begriffen und „Richtungen" überhaupt erst Bedeutung zuspricht und verleiht.

Gewiss bieten die erörterten Beziehungen, aber auch eine das ganze Quadrat – seine Seiten, Eckpunkte, Diagonalen und die Räume, die sich aus den Kombinationen der verschiedenen Elemente ergeben – umgreifende Sicht lediglich eine Graphik oder, wenn man will, eine *Physiognomie der menschlichen Person.* Schon diese bloße Graphik macht aber auf anschauliche Weise deutlich, wie sehr sich die menschliche Person von anderen Lebewesen dadurch unterscheidet, dass sie imstande ist, sich selbst zu beschreiben und darüber hinaus Lebenspläne zu entwerfen, die ihrer jeweiligen Lebenslage und deren Analyse Rechnung tragen. Über die bloße Beschreibung ihrer Situation hinaus kann die Person zur Theoriebildung und zu einer Praxis gelangen, die in keiner Weise vorherbestimmt ist, sondern sich gemäß der Kategorie der Möglichkeit entfaltet.[83]

Für den Augenblick können wir die Frage beiseite lassen, ob sich diese Möglichkeit der Person bloß dem Zufall verdankt, ob sie sich nur aus der Beschränktheit unserer Vorhersagefähigkeit oder aus der Unkenntnis von Vorherbestimmungen ergibt oder ob sie auf einer tatsächlich gegebenen Fähigkeit und Möglichkeit, frei zu wählen, beruht.

---

[83] Die einzelnen „Theorien" werden von ihrem „Anfang" bzw. von ihren Ausgangsvoraussetzungen her begründet und gerechtfertigt; die Wahl dieses „Anfangs" macht also selber einen Teil der Theorie aus, und diese kann als der Versuch gelesen werden, diese Wahl zu begründen und zu rechtfertigen. Hieraus erwächst unumgänglich der subjektive Charakter einer jeden Theorie, und dieser entspricht wiederum dem Gebrauch der Kategorie des „Möglichen".

Eines gilt es jedoch deutlich hervorzuheben: Ein menschliches „Ereignis" ist nicht so, wie es ist, weil es – nach Art der Schwerkraft – nicht anders ausfallen kann; es ist so, könnte aber auch ganz anders sein. Und mehr noch: Die menschliche Zukunft ist nicht vorherbestimmt; wenigstens entzieht sich eine solche Vorherbestimmtheit der menschlichen Erkenntnis, die freilich ihrerseits allein aufgrund von Erfahrung und Vernunft nicht grundsätzlich ausschließen kann, dass das menschliche Leben einem Gesetz unterworfen sein könnte, welches sich ihm kategorisch auferlegt.

Allein dies ist eine Hypothese, gegen die sich das menschliche Denken auflehnt, denn es kann den Gedanken an solch eine totale Illusion nicht akzeptieren, weil sich in ihr jeder Sinn und jede Bedeutung des menschlichen Erkennens und Handelns in nichts auflösen würden. Wohl aber erscheint ihm die Vorstellung einleuchtend, dass das menschliche Leben zwar durch viele Gesetzmäßigkeiten und Ursachen bedingt sein mag, die menschliche Person aber dennoch imstande ist, wenigstens teilweise ihr eigenes Geschick zu bestimmen.[84] Diese Vorstellung will ihr umso plausibler erscheinen, weil sie einerseits weiß, dass sie ein menschliches und menschenwürdiges Leben fuhren soll, und dennoch in der Lage ist, sich dieser Aufgabe immer wieder zu entziehen, indem sie das von Dante beschriebene Ziel aus dem Auge lässt: die Suche nach Wissen und das Streben nach Tugend. Wenigstens in dieser Möglichkeit, ein menschenwürdiges Leben im vollen Sinne des Wortes zu verfehlen oder von sich zu weisen, zeigt sich das Vorhandensein einer Freiheit, an die offenbar auch schon Augustinus gedacht hat, wenn er dem Menschen ein POSSE NON PECCARE (nicht sündigen zu müssen) zugestanden hat. Es liegt auf der Hand, dass genau an diesem Punkt das menschliche Leben und die Erziehung auf das Innigste ineinander greifen; diese gibt es nur, soweit sie dem Gange der Kultur und der Zivilisation folgt: Aus dem Giganten Vicos treten die Züge eines menschlichen Antlitzes hervor, und dieser Mensch ist nach derselben „Graphik" gezeichnet, die wir mit unserem Quadrat veranschaulichen wollen. Es ist der Mensch als EDUCANDUS![85]

---

[84] Auch die heutige Biologie räumt die Möglichkeit einer „biogenetischen Rekonstruktion" ein; damit wirft sie freilich eine Reihe neuer Probleme auf, mit denen sich vor allem die „Bioethik" befasst.

[85] Der Autor bezieht sich hier auf Giambattista Vicos Grundschrift der modernen Kulturgeschichtsschreibung, wie er sich überhaupt sehr häufig auf diesen bedeutenden italienischen Denker beruft. [Anm. d. Übers.]

Eine bestimmte, unserer Meinung nach zweideutige, wenn nicht gar widersprüchliche kulturelle Überlieferung versteht den HOMO EDUCANDUS in dem Sinne, dass er *erzogen werden muss* und ihm deshalb Erziehung *widerfährt.* Richtiger und auch grammatikalisch genauer wäre es, EDUCANDUS so zu verstehen, dass einer *sich erziehen kann* und (tatsächlich) den Weg der Erziehung beschreitet, einen Weg, der mit dem Sich-zum-Menschen-Machen (d. h. sich zu kultivieren und zu zivilisieren) in eins fällt. Zweifelsohne schließt dieser Begriff auch den Bezug auf ein Sollen – die „Pflicht", ein Mensch zu werden – ein, und dieses Sollen macht die eigentliche „Bestimmung" des Menschen aus. Dieses Sollen verlangt danach, anerkannt und gewollt zu werden als ein Ziel, das es zu erreichen und zu verwirklichen gilt. Mit anderen Worten: Man ist nicht mit Notwendigkeit „Zögling", man ist es nicht deshalb, weil man nicht anders könnte; man ist vielmehr EDUCANDUS, weil man den Sinn des Lebens so versteht, und man wird es, indem man das Walten eines Schicksals oder einer Vorsehung anerkennt, oder man macht sich dazu durch freie Wahl und Entscheidung. Dabei weiß man – und folglich erkennt und handelt man danach –, dass das „Gesetz" des Menschen ein Gesetz der Möglichkeit und nicht eines der Notwendigkeit ist.

Dieses Gesetz der Möglichkeit schließt grundsätzlich aus, dass es auf der konkreten Ebene der gelebten Erfahrung irgendeinen vorher festgelegten oder vorherbestimmten Zug gibt – von I nach S, von T nach P und umgekehrt. Vielmehr sind es die Situationen, die aus den vielen möglichen Zügen jeweils den herausgreifen lassen, der hier und jetzt „vorzuziehen" und „als bester" zu realisieren ist. Nur auf der Ebene der Werte – sofern die wissenschaftliche Untersuchung die Thematik der Werte angehen will – lässt sich von einem *Anfang* und von einem PRIMUM sprechen. In der konkreten Wirklichkeit der Erfahrung gibt es nur das gleichzeitige Vorhandensein aller vier Richtungen und ihre wechselseitige Bezogenheit aufeinander; denn es handelt sich immer und allein um die Erfahrung, die – *in der Tat* – von der Person in der Einzigkeit und Einmaligkeit ihres Seins erfahren wird.

8. Die Dynamik der Person

Ehe wir in unseren Überlegungen weiter fortfahren, müssen wir eine Antwort auf die oben aufgeworfene und offen gelassene Frage geben, ob denn die vier von uns aufgezeigten „Kategorien" tatsächlich die menschliche Wirklichkeit umfassen und ausschöpfen. Trotz des recht synthetischen und alles andere als peinlich genauen Charakters unserer Untersuchung scheint es doch außer allem Zweifel zu stehen, dass es neben dem *Ich* (I), dem *Du (S)* und dem *Es* (Kultur und Zivilisation, T und P) nichts anderes gibt. Das scheinen auch jene Wissenschaften zu bestätigen, die sich mit dem HOMO LOQUENS befassen, an erster Stelle die Sprachwissenschaft. Welche „Zeichen" hätte man zu erfinden, wenn man noch von anderem sprechen wollte, könnte oder sollte? Alles Sprechen oder besser: alles Kommunizieren hat stets eine Quelle – das *Ich –,* einen Zielpunkt – das *Du* –, und einen Inhalt – die Botschaft, das *Es;* alles andere erweist sich als deren Modalität oder als eine komplementäre Zutat (die Scholastiker sprachen von Akzidentien) zu jenen drei essentiellen und unverzichtbaren Protagonisten der menschlichen Erfahrung. Auch intrapersonal gesehen vollzieht sich der Dialog bzw. das Selbstgespräch zwischen einem Ich und einem Du, das von den Philosophen auch als „Bewusstsein" oder als Erinnerung bezeichnet wird.

In einem gewichtigen Vortrag, den Bogdan Suchodolski im Jahre 1985 bei einem internationalen Kongress des Instituts für Europäische Bildung in Gardone Riviera gehalten hat, hat er mit allem Nachdruck deutlich gemacht, dass der Gegenstand der pädagogischen Wissenschaft nicht eine RES (Sache) ist, über die das und jenes auf diese oder andere Weise ausgesagt werden könnte, sondern DYNAMIS, ein Werden, ein Sich-Veränderndes, ein Sich-Verbesserndes. „Gegenstand" der Pädagogik ist der Mensch, der in seiner Geschichtlichkeit alle seine Veränderungen und Transformationen durchlebt.[86] Die Erziehung muss also *im Menschen selbst* aufgesucht werden; dort bewegt sie sich entlang des Weges, den die Bestimmung des einzelnen (sei sie angenommen oder frei gewählt) weist. Wer diesen Weg als ein Fortschreiten hin zu objektiven und dem menschlichen Leben als Zielmarken gesetzten Werten begreift, muss eine solche Ansicht dahingehend präzisieren, dass diese Werte zu einer Art Nahrung für das personale Vo-

[86] Bogdan Suchodolski: Pedagogia quale scienza dell'uomo, in: Winfried Böhm (Hrsg.): Il concetto di pedagogia ed educazione nelle diverse aree culturali, Pisa 1988, S. 15-24.

ranschreiten und damit zu einem „Material“ für den Aufbau der eigenen Bestimmung werden müssen. Es gibt keine wirkliche Erziehung, und es gibt kein menschliches Leben im Vollsinne des Wortes, wenn der einzelne durch sein Leben nicht seinen eigenen Wert steigert. Anders ausgedrückt: Wenn der einzelne sich nicht selbst als Wert zu verwirklichen trachtet. Die Person verwirklicht sich in ihrer Einzigkeit – *diese* unwiederholbare und einmalige Person – als „Wert“, indem sie auf personale Weise ihre Menschlichkeit lebt und, wenn man diese Formulierung akzeptieren will, die vierfache Wurzel ihrer Existenz in der *Einmaligkeit* ihres Personseins zu einer Einheit zusammenbindet.

An diesem Punkt unserer Überlegungen wird deutlich, dass sich das Bild des Quadrates, mit dem wir die menschliche „Physiognomie“ zu veranschaulichen versucht haben, als ungeeignet herausstellt, weil eine Figur in der Ebene nicht die Dimension der Veränderung auszudrücken vermag. Wir werden also den statischen Charakter des Vierecks durch eine Projizierung der Figur in die dritte Dimension überschreiten und das Quadrat durch einen Kubus, ein Prisma, am besten aber durch eine Pyramide ersetzen. Nur eine solche Figur kann den stufenweisen Aufbau verschiedener Ebenen, die sich überlagern, anschaulich machen und so die dem Menschen eigene Dynamik ausdrücken, die man gewöhnlich, auch in der Pädagogik, als „Wachstum“ bezeichnet. Nur muss man sich dabei vergegenwärtigen, dass eine feste geometrische Figur – eben wegen ihrer festen Starrheit – nicht als Bild für das menschliche Leben taugt, es sei denn, man betrachtete sie nicht in ihrer festen und fertigen Gestalt, sondern im Prozess ihres Aufbaus und gerade nicht in ihrer ausgewogenen Beständigkeit.

9. Die Bildung der Person

Wir haben gesagt: Der Mensch lebt in der Dimension der Möglichkeit, nicht der Notwendigkeit und folglich auch nicht in einer Welt von Tatsachen, die nicht anders sein könnten, als sie sind. Wenn man etwas Festes in seiner endgültigen Gestalt zur Veranschaulichung wählte, dann könnte es allenfalls als Sinnbild für den idealen Menschen, für den Menschen als reine *Form* verwendet werden. Die Person dagegen lebt von Ereignissen, sie lebt ihre Erfahrung; sie ist imstande, sich zu „formen“ und auf diese Weise Werte zu realisieren und sich selbst als Wert zu verwirklichen, aber sie kann sich selber ebenso vernachlässigen, verlieren, zerstören und auflösen. Kontinuität, Harmonie und Kohärenz sind Direktiven und Leitlinien für die menschliche Erfahrung, aber sie sind dies nur rein formal gesehen. Sie schreiben in moralischem Sinne ein Sollen vor, nicht ein Müssen. Das Sich-Überlagern verschiedener Ebenen, von dem wir oben gesprochen haben, geschieht also nicht nach festen Regeln und nicht ebenmäßig; die einzelnen „Schichten" können bald diese, bald jene der vier „Richtungen" einseitig überbetonen und ausbauen. Das im wörtlichen Sinne „Grundlegende" ist die Basis: die Person in ihrer *ontischen Wirklichkeit,* ausgestattet mit der Fähigkeit, sich zu verändern, und zwar auf dem Wege – der Mensch als HOMO VIATOR – zu seiner möglichen Vervollkommnung, auf jenem Wege also, den man als Erziehung zu bezeichnen pflegt. In dem Maße, in dem diese Erziehung kohärent, harmonisch und ganzheitlich erfolgt, nennen wir sie „Menschenbildung" – die PAIDEIA der Griechen –, und diese haben wir immer dann vor Augen, wenn wir den Menschen in seiner Totalität oder, anders gesagt, in seiner vollen „Würde" betrachten.[87] Wo es sich dagegen nur um eine partielle, einseitige und zusammenhanglose Verbesserung des Menschen bzw. um ein ebensolches Voranschreiten handelt, ist es angemessener, sich einer anderen Sprache und eines anderen Begriffes zu bedienen, weil ja dann nicht mehr der Mensch in seiner Ganzheit im Blicke steht, sondern einzelne Aspekte der unterrichtlichen Belehrung und/oder der beruflichen Ausbildung sich machtvoll in den Vordergrund drängen.[88]

Damit wollen wir die Aufmerksamkeit noch einmal darauf lenken, dass das von uns benutzte Quadrat und seine vier Eckpunkte (die Dimensionen des menschlichen Lebens: ISTP), ihre wenigstens tendenziell mögliche Vereinigung in MP und ihr gemeinsames Ausgehen von MP (dem Mittelpunkt des Quadrates, in dem sich sowohl die Diagonalen als auch die einzelnen Dreiecke treffen) auf ein Verständnis von Erziehung hinweisen, das strukturell *die Person in ihrer Ganzheit*

---

[87] Vgl. dazu Giovanni Pico della Mirandola: Über die Würde des Menschen. Aus dem Neulateinischen übertragen v. Herbert Werner Rüssel, Zürich 1988. Siehe auch Paul Oskar Kristeller: Acht Philosophen der italienischen Renaissance, übers. v. Elisabeth Blum, Weinheim 1986.

[88] Man muss hier an die pädagogisch fundamentale Unterscheidung erinnern, die Jean-Jacques Rousseau in seinem Buch „Emile" zwischen Mensch und Bürger bzw. zwischen dem Menschen in seiner Ganzheit und dem Menschen als Bruch getroffen hat; von seiner Natur her ist der Mensch ein Ganzer und integer, in der Partialität gesellschaftlicher Rollen kann sich der Mensch nur bruchstückhaft verwirklichen. Auch eine (lediglich denkbare, faktisch aber nicht realisierbare) Verschmelzung aller möglicher Rollen ergäbe nicht den ganzen Menschen.

sieht und anzielt. Es ist das eine Betrachtungsweise, für die sich im Laufe der abendländischen Kulturgeschichte die Bezeichnung „Humanismus" im Sinne einer Kultur und Zivilisation des Menschen für den Menschen herausgeprägt hat, und zwar des Menschen in der Konkretheit seiner Erfahrungen und in der Unhintergehbarkeit seiner personalen Bestimmung. Von daher ist mit Notwendigkeit ein erzieherisches Vorgehen ausgeschlossen, das einlinig und nach einem vorher genau festgelegten Plan verfahren möchte. Vielmehr ist Erziehung umgekehrt im Sinne einer kreisförmigen Bewegung und einer dynamischen und umfassenden Interaktion zu denken. Das muss uns nicht im geringsten daran hindern, von der Innerlichkeit und Sozialität des Menschen und von Theorie und Praxis zu sprechen; wir sollten dabei nur bedenken, was das je Besondere dieser einzelnen Dimensionen bzw. „Richtungen" ausmacht.[89] Dabei haben wir stets im Auge zu behalten, dass es neben der Möglichkeit eines Nichtwachsens bzw. einem Sich-nicht-Verbesserns aufgrund von Desinteresse oder aufgrund einer inneren Weigerung (wobei wir hier die besonderen Fälle einer psychophysischen oder konstitutionell bedingten Behinderung außer Acht lassen) auch die Möglichkeit eines nur *partiellen* und *einseitigen Voranschreitens* gibt, wie wir es immer vor uns haben, wenn der einen oder anderen Dimension ungebührlich das Vorrecht und der Vorrang gegeben wird. Es kommt dann, um nur einige wenige aufschlussreiche Beispiele aus der Geschichte anzuführen, bei einseitiger Betonung von I zum Solipsismus, zur Kultur des „Übermenschen", zu einer Ästhetik des Dandy und in religiöser Hinsicht zum Fideismus oder zu einem radikalen Gewissenssubjektivismus. Eine einseitige Betonung von S führt zu einer Überbewertung der öffentlichen Interessen und Motive zu Lasten des Privaten und macht aus ihnen Instrumente der Zensur und des Autoritarismus, oder sie entartet zur „Phrasendrescherei" und zur Demagogie.

---

[89] Gewiss hat jede „Form" der Erziehung – die intellektuelle ebenso wie die soziale, die politische, die musische etc. – ihre ganz spezifischen Ziele, die ihrerseits wieder mit anderen Zielen in Beziehung stehen können. Das hindert freilich nicht daran, von einer Erziehung des Menschen tout-court zu sprechen, und dieser „ganze Mensch" – wie ihn uns Rousseau gezeichnet hat – geht allen möglichen Rollen voraus, die er in seiner existentiellen Wirklichkeit übernehmen kann. Eben deshalb sprechen wir von einer Bildung des Menschen, und auf dieser Ebene ist auch anzusiedeln, was man im Deutschen gerne als „Allgemeinbildung" bezeichnet und was die Griechen paideia genannt haben, von der bekanntlich unser Wissenschaftsname „Pädagogik" herkommt.

Eine Hypostasierung von T lässt nicht nur leicht das Interesse an der Wissenschaft in einen blinden Wissenschaftsfanatismus umschlagen, der dann seinerseits zu einer einseitigen Übergewichtung von Spezialisierung und sektoralen Kompetenzen nach Art bloßer Buchgelehrsamkeit führt, sondern sie zieht häufig auch eine so starke Vorliebe für eine abstrakte und leere Begrifflichkeit nach sich, dass darüber der Kontakt mit der Wirklichkeit der Erfahrung verloren geht und man sich am Ende gar zu der platonischen Meinung versteigt, der reine Philosoph (der Ideen) sei zugleich auch der beste und geeignetste Staatslenker und Politiker. Auf der anderen Seite erzeugt eine ganz oder überwiegend auf die Praxis (P) ausgerichtete Erziehung nicht nur jene Vielfalt von Pragmatismen, die allein noch auf das Nützliche und auf messbare Ergebnisse schauen, sondern sie bringt in der Regel auch eine Subordination des theoretischen Wissens (T) unter die sogenannten Bedürfnisse der Praxis mit sich, so dass dort die bloße Technik zu dominieren beginnt. Man schreckt dann im Namen des technischen Fortschritts auch nicht davor zurück, zu den schlimmsten Werkzeugen der Zerstörung und des Mordens zu greifen. Wenn wir den Blick von dieser allgemeinpädagogischen Ebene auf die der Didaktik richten, dann verkehrt der aus der einseitigen Überbetonung von P resultierende Aktivismus (wie wir ihn beispielsweise aus verschiedenen Strömungen der sogenannten Reformpädagogik kennen) das Tun von einem Mittel in ein Ziel. Wenn aber das Tun um des bloßen Tuns willen in den Mittelpunkt tritt, gerät das eigentliche Ziel der Erziehung (welches immer es sei) aus den Augen oder verschwindet. Wenn auf diese Weise der Zweck des Lebens nicht mehr in der Danteschen Bestimmung gesehen wird, Wissen und Tugend zu erstreben, sondern das Leben um des bloßen Lebens willen gelebt werden soll, löst sich die Erziehung in einen leeren Vitalismus auf.

10. Die konkrete Erziehungssituation

Der radikale Charakter der genannten Beispiele lässt uns die *Zweideutigkeit* und die *Irrtümer* mancher Erziehung und der zu ihrer Rechtfertigung angebotenen Theorien in einem grellen Lichte sehen.[90] Dass es sich bei den angeführten Beispielen um einseitige Positionen handelt, scheint über jeden Zweifel erhaben zu sein. Ebenso offen scheint zutage zu treten, dass man auf den erörterten Wegen nur zu einer technischen und beruflich-professionellen Ausbildung gelangen kann. Je mehr nämlich Einseitigkeit vorherrscht, desto mehr entfernt man sich von dem Mittelpunkt MP und desto mehr tritt man aus dem allein in ihm verankerten Gleichgewicht heraus und rutscht in ein partielles Teilgebiet ab; dort aber dominieren technologische Gesichtspunkte. Das kann man auch dann beobachten, wenn das Lernen lediglich auf Information verkürzt wird; dann kommt es sehr schnell zu einem reinen Verbalismus und, psychologisch gesehen, zum bloßen Memorieren.

Freilich ist einzuräumen, dass wir es nicht immer mit solchen radikalen Einseitigkeiten zu tun haben und vor allem die äußersten Extreme sehr selten auftreten. Dem tragen schon die gewöhnlich verwendeten Bezeichnungen Rechnung. Wenn man nämlich von einer technischen Erziehung, von einer körperlichen Erziehung und sogar von einer Berufserziehung spricht, dann will man offensichtlich durch die Verwendung des Begriffs Erziehung dem Missverständnis aus dem Wege gehen, es könnte sich um bloß angelernte Kenntnisse und Kompetenzen oder gar nur um Abrichtung und Dressur handeln. Gleichwohl kann man die beispielhaft genannten Verkürzungen und Ausblendungen nicht in der Weise verharmlosen, dass man sie lediglich auf Schwierigkeiten zurückführt, die sich beim Erziehen allemal einstellen und dann dazu führen, dass man „vom rechten Wege" abkommt. Diese Verfehlungen des Pädagogischen können allesamt auf klar getroffene Entscheidungen zurückgeführt werden, und sie lassen sich alle auf pädagogische Theorien beziehen, welche sie scheinbar rechtfertigen und legitimieren.

Unbestreitbar ist, dass Erziehung immer *hier und jetzt* stattfindet. Diese raum-zeitliche Einordnung setzt der Erziehung Grenzen, und sie nötigt uns, vom Menschen als einem EDUCANDUS zu sprechen, der sich immer in einer bestimmten *Situation* befindet.

---

90 Jede Erziehung, die eine einzelne „Form" für das Ganze ausgibt, nimmt notwendig einen ideologischen Charakter an. So führt die Totalisierung der ästhetischen Erziehung zum Ästhetizismus, die der sittlichen Erziehung zum Moralismus etc. Nicht anders stehen die Dinge im Hinblick auf eine Erziehung zu sozialen Rollen; hier verengt sich die Bildung des Menschen zur beruflich-technischen Ausbildung und zur bloßen Sozialisation.

Diese Befindlichkeit bedeutet kein starres Stehen, noch meint sie, dass der Mensch einfach einer „idealen", d. h. modellhaft vorgezeichneten Route folgt, der er sich schlicht anzupassen hätte.

Erziehen in der Situation heißt, die *Bedingungen* zu berücksichtigen, an die der einzelne gebunden ist und mit denen er tatsächlich und ganz konkret zu kämpfen hat. Die ontische Wirklichkeit der Person und damit ihr Wert als jene unwiederholbare, einzige und einzigartige liegt im HIC ET NUNC; sie hat ihren Ausgangspunkt in dieser ganz bestimmten (und in keiner anderen) existentiellen Situation. Man mag hier von Bedingungen und von Faktoren reden; andere Theorien mögen gar von Ursachen sprechen, es wäre aber völlig verfehlt, wollte man die Person auf die „Essenz" ihres Seins zurückschrauben und jene „Existenz" leugnen, von der her und in der sie lebt. Diese wird unentrinnbar durch zwei Eckpunkte begrenzt, die sich der „Verfügung" durch die Person entziehen: Geburt und Tod. Alles kann vom Menschen abhängen, der sein eigenes Geschick bestimmt und – wie es im Sprichwort bildhaft heißt – sein eigenes Glück schmiedet, und er kann der Schöpfer und Baumeister von allem sein, nur nicht seiner Geburt und seines Todes (es sei denn, er wolle sich vorsätzlich aus dem Leben stehlen). Das ist der Preis, den jeder der Konkretheit seiner eigenen Existenz zu zahlen hat, und diese Existenz ist immer und ganz seine Existenz, die er hier und jetzt, Schritt für Schritt raum-zeitlich leben muss. Genau hier liegt der Grund dafür, dass allein der Mensch von sich sagen kann, er sei *Subjekt* der Erziehung. Er ist dieses Subjekt allerdings mit der (existentiellen) Einschränkung, dass er nur innerhalb der Grenzen seiner eigenen Fähigkeiten und Möglichkeiten d. h. in Bezug auf seine soziale, kulturelle und politische Situation erkennen und handeln kann.

Wir sprechen vom HOMO SAPIENS und meinen damit, dass es vor jedem einzelnen Menschen ein Wissen und eine Kultur gibt, die von der Menschheit im Laufe ihrer Entwicklung geschaffen wurden und die in ihm bestimmte Interessen und Fragen hervorrufen.

Wir sprechen vom HOMO FABER und meinen damit, dass es vor jedem einzelnen Menschen bereits das Schaffen der anderen mit ihren gelungenen Erzeugnissen, aber auch mit den gescheiterten Versuchen, den dabei verwendeten Werkzeugen und den dabei angewandten Techniken gab – ein langer Weg, den die Menschheit zurückgelegt hat. Wie ließe sich das Gewicht der Situation leugnen, gleich ob man unter den Bedingungen der hochentwickelten Technologie oder in einer noch von der Primärwirtschaft beherrschten Gesellschaft lebt?

Wenn hier der geringste Zweifel aufkommen könnte, dann müsste die historische ebenso wie die geographische Erfahrung mit analytischer Genauigkeit den räumlichen und zeitlichen Kontext untersuchen, in dem sich jedes erzieherische Handeln abspielt.

Wir sprechen vom HOMO LOQUENS und rücken damit ins Blickfeld, was sich im Laufe der Zeit Einschneidendes in Hinsicht auf die sprachliche Kommunikation verändert hat. Gewiss gibt es Erziehung nur in einem sozialen Umfeld, in dem die Grundvoraussetzung aller Erziehung gegeben ist: die Kommunikation zwischen Ich und Du. Unbeschadet dieser Grundtatsache gilt, dass sich diese Kommunikation in jener Abfolge der Zeiten und Völker, wie sie Vico in seiner *„Neuen Wissenschaft“* so trefflich und bildhaft nachzeichnet hat,[91] fundamental gewandelt hat: von der stummen Sprache über Zeichen und Bilder hin zur gesprochenen und geschriebenen Wortsprache und heute zum Gebrauch multimedialer Verfahren. Und hat man nicht auch eine Annäherung der Zeiten und Räume wahrzunehmen, so dass uns die eigene Gegenwart merkwürdigerweise wie ein Brennpunkt erscheint, in dem sich Vergangenheit und Zukunft brechen?

11. Das Geheimnis des inneren Menschen

Gewiss gibt es auch den HOMO SILENS (den schweigenden Menschen), und damit meinen wir nicht nur jenen, der sich bisweilen nach Augenblicken der Ruhe und Einsamkeit in dem immer hektischer werdenden Getriebe der Gegenwart sehnt, sondern jenen, der nach *sich selber* sucht und nach jener Intimität trachtet, die noch jenseits seiner Innerlichkeit wohnt. Die Psychoanalyse bemüht sich, diese Intimität des Menschen zu erhellen, aber weder die Theorie des Unter- und Unbewussten noch die entsprechende therapeutische Praxis erweisen sich dazu in der Lage. Auch die christliche Religion unternimmt es, ihrem Sinn auf die Spur zu kommen, indem sie nach der Intentionalität des menschlichen Verhaltens fragt; aber die vom christlichen Glauben angenommene Vergebung der Sünden ist durch die Barmherzigkeit Gottes begründet, und nur er wäre

[91] Giambattista Vico: Prinzipien einer Neuen Wissenschaft über die gemeinsame Natur der Völker. Übers. u. hrsg. v. Vittorio Hösle und Christoph Jermann. 2 Teilbände, Hamburg 1990.

in der Lage, bis ins Innerste des Gewissens zu schauen. Wenn Dichter, Schriftsteller und Romanciers über das Intimste des Menschen etwas aussagen wollen, bedienen sie sich einer Sprache, die ihren Gegenstand nur annäherungsweise und IN AENIGMATE (in Rätseln) erreicht. Allenfalls Dostojewski vermag es, etwas Überzeugendes über das Geheimnis des *„Idioten"* zu sagen, und allein den Theaterstücken Paul Claudels gelingt es, die Beweggründe des menschlichen Dramas bis in das innerste Geheimnis der menschlichen Person hinein zu verfolgen. Dieses aber erscheint dem Philosophen Paul Claudel weder in einer Theorie fassbar noch überhaupt im strengen Sinne erkennbar zu sein. Eine personalistische Theorie, wie wir sie hier vorzulegen versuchen, kann über diesen Befund nicht erstaunt sein.

Wenn die Person wirklich einmalig und einzigartig ist, wie kann dann ein adäquates Wissen von ihr möglich sein?[92] Seit Aristoteles gilt es als ein philosophischer Gemeinplatz, dass es vom individuell Besonderen keine Wissenschaft geben kann, sondern bestenfalls eine Beschreibung dessen, was sich offenbart und der Beobachtung darbietet. Genau das haben wir mit jener Radiographie der Person angestrebt, von der unser Diskurs ausgegangen ist. Gibt es aber schon im Leben der Natur so viel Geheimnisvolles, wie könnte man sich darüber verwundern, wenn man auch im Innersten des personalen Ich auf ein Geheimnis stößt? Von diesem Geheimnis legt in gewisser Weise allein der HOMO SILENS Zeugnis ab, wenn er ganz in sich gekehrt und ganz bei sich selbst *schweigt,* und zwar völlig schweigt; dann bleibt allein das Geheimnis: *ich existiere, ich lebe.*

Sind solche Gedanken, wie wir sie hier formulieren, wirklich nur barer „Unsinn", reine „Lyrik"? Oder handelt es sich nicht vielmehr um die ewigen Probleme des Menschen, die gerade deshalb ewige Probleme sind, weil sie Geheimnis bleiben? Wissenschaft und Philosophie kommen nicht weiter und bleiben hier stehen. Sie zeigen sich darüber vielleicht bestürzt und erschrocken; bisweilen erwägen sie ungeduldig, welche bisher unerprobten Wege es geben könnte, um dieses Geheimnisses Herr zu werden. In der Zwischenzeit aber verkündigen sie gewöhnlich lauthals, dass, wenn es sich wirklich um ein Geheimnis handelt, diesem keinerlei Gewicht zukäme und es daher sowohl für die Wissenschaft als auch für die Philosophie ohne Bedeutung, also null und nichtig wäre. Wenn es denn überhaupt wert er-

---

[92] Vgl. zu dieser Frage den noch immer lesenswerten Aufsatz von Romano Guardini: Über Sozialwissenschaft und Ordnung unter Personen (1926), in: Ders.: Unterscheidung des Christlichen, Mainz [2]1963, S. 34-63.

scheine, auf die Klärung dieses Geheimnisses irgendeine Mühe zu verschwenden, so könne man das getrost Religion, Dichtung und Kunst überlassen.

Aber die *Erziehung* kann sich mit einer so vagen Beschwichtigungsformel nicht zufrieden geben, und sie kann das um so weniger tun, je mehr es ihr um den ganzen Menschen, den Menschen in seiner *Totalität* geht, je mehr sie das Ziel wahrer Menschenbildung verfolgt und sich nicht mit einer technisch-professionellen Ausbildung oder Unterweisung begnügt. Das kann aber nicht mehr und nicht weniger heißen, als dass eine im authentischen Sinne humanistische Erziehung von dem „Geheimnis" des Menschen überhaupt nicht absehen kann; sie kann nicht einmal so verfahren wie Wissenschaft und Philosophie, die dieses Geheimnis einfach in Klammern setzen. Es handelt sich dabei nicht im geringsten um eine nur rhetorische Frage; denn das, was die Erziehung ans Licht bringen will und soll, ist ja gerade das unverzichtbar „Eigene" und „Eigentümliche" des Selbst, über das niemand, nicht einmal das Subjekt selber, vollkommen verfügen kann. Man mag das die „Unverletzlichkeit des Gewissens" nennen oder in einer gängigeren Sprache als „Freiheit" bezeichnen; das, worum es letztlich und tatsächlich geht, ist die notwendige Folgerung einer sittlichen und gesellschaftlichen *Achtung der Person* und das Eingeständnis dessen, dass es unmöglich ist, den Menschen zum Objekt einer völligen Abhängigkeit vom anderen Menschen zu machen, wie stark auch immer der dafür aufgewendete Zwang und wie unmenschlich auch immer die sich überstülpende Gewalt sein mögen.

Wir betrachten hier jene innere Freiheit, die nach dem Urteil der Stoiker auch dem versklavtesten aller Sklaven nicht ausgerissen werden könnte; wir sprechen hier von jener Freiheit, auf der das soziopolitische System der neuzeitlichen Demokratie beruht und für die das sokratische DAIMONION (Gewissen) ein historisch eindrucksvolles Beispiel darstellt. Mit aller Deutlichkeit muss man erkennen, dass es weder möglich ist, sich selber vollkommen zu durchschauen und zu kennen, noch dass das eigene Selbst für andere ganz und gar durchsichtig wie auch für uns selbst transparent werden kann. Derartige Vorstellungen müssen pure Utopie oder, wenn man so will, rein abstrakte Theorie bleiben. Auch dort, wo man dieser Intimität der menschlichen Innerlichkeit begrifflich habhaft werden will – wie es vor allem die Paladine der menschlichen Freiheit versuchen – sieht man sich genötigt, das Thema in Begriffe wie „Postulat", „Apriori" oder „notwendige Bedingung für ..." einzufangen oder sich gar in eine

PETITIO PRINCIPII (Prinzipienerschleichung) zu flüchten. So stellt man etwa den Satz auf, es könne keine Demokratie geben, wenn nicht die Freiheit eines jeden einzelnen garantiert und verteidigt werde, um sogleich hinzuzufügen, dass nur dann, wenn man das Prinzip der persönlichen Freiheit anerkennt, der Aufbau einer freiheitlich demokratischen Gesellschaft möglich sei. Und dieser Kreisgang wiederholt sich auf pädagogischem Gebiet, wenn man, um einen gewissen Zwang und Autoritarismus in der Erziehung abzuwehren, von der Notwendigkeit spricht, die Freiheit jedes einzelnen anzuerkennen, was dann nicht selten zu der These geführt hat, Erziehung könne nichts anderes sein als Selbsterziehung.

12. Freiheit und Wahl

Wir wollen nicht verkennen, dass die Philosophie immer wieder versucht hat, den Tresor dieses „Geheimnisses" zu öffnen. Das gilt für alle jene Positionen, die der Bahn der platonisch-augustinischen Innerlichkeit gefolgt sind und sich dem Problem des Nicht-Empirischen und des Nicht-Rationalen gestellt haben, von den Mystikern bis hin zur Lebensphilosophie. Stets sahen sich diese Philosophen gezwungen, sich einer bildhaften und symbolischen Sprache zu bedienen, die sie auch nicht vor widersprüchlichen Formulierungen zu bewahren vermochte. Beispiele dafür sind die Pascalsche *„Logik des Herzens"* und Emmanuel Lévinas' *„Spur des Anderen"*. Unausweichlich drängt sich dabei der Rückgriff auf die *Hermeneutik* als ein mögliches Hilfsmittel auf, wenn schon nicht zur völligen Aufklärung jenes „Geheimnisses", so doch wenigstens zur Klärung und zum Verstehen der direkt oder indirekt in Anschlag gebrachten Argumente und Argumentationen, die häufig genug eher metaphorischen denn logischen Charakters sind.

Wenn man die Frage aufwirft, ob *Erziehung* bedeuten kann, dass ein Erzieher sich einem Zögling „aufdrängt" und „auferlegt"[93], so muss die Antwort ganz entschieden negativ ausfallen, auch wenn allem äußeren Anscheine nach eine solche Antwort herkömmlicher Sitte und verbreitetem Brauch widerspricht. Auch das christliche Denken

---

[93] Der italienische Urtext gebraucht hier das Wort „impostazione". [Anm. d. Übers.]

hat schon sehr früh dazu gefunden, dass, wenn auch der Mensch ohne die Gnade Gottes nicht erlöst werden kann, das Wirken der Gnade andererseits allein nicht ausreicht, ohne dass der Mensch für sie arbeitet. Auch das ist ein deutliches Bekenntnis zur „Freiheit". Das Schwerwiegende liegt nur darin, dass in dem spannungsreichen Verhältnis von Autorität und Freiheit zwar immer wieder die Notwendigkeit der Freiheit betont worden ist und betont wird, diese dann aber faktisch auf die Forderung zusammenschrumpft, die Würde des anderen zu achten und auf alle Formen von Gewaltanwendung zu verzichten, während man in der politischen, sozialen, wirtschaftlichen, psychischen und kulturellen Realität munter Macht ausübt und zur Gewalt greift. Die Geschichte ist voll von bitteren und entsetzlichen Beispielen.

Die Achtung vor der Würde der Person des Anderen – oft wird sie auch als Toleranz beschrieben – schließt jene soziale Beziehung (S) nicht aus, von der wir oben gesprochen haben; noch weniger steht sie dem entgegen, was wir als den Dialog zwischen Ich und Du beschrieben haben. Wenn von einem erzieherischen Verhältnis die Rede ist – also von dem Verhältnis Erzieher-Zögling – dann liegt diesem ein Kommunikationsverhältnis zugrunde, und der Erziehungsvorgang muss sowohl der „Botschaft" als auch den Modalitäten ihrer Vermittlung Rechnung tragen. Dass eine einlinige Beziehung – von a zu b oder von b zu a – pädagogisch nicht ausreicht, ist oft genug gesagt worden. Es genügt aber ebenso wenig, einem solchen einlinigen Vorgehen einfach das Modell der Interaktion oder den bloßen Gedanken eines Interagierens entgegenzustellen; gerade im Kontext einer multimedialen Kommunikation bedarf dieses Modell einer genauen und sorgfältigen Analyse. Aber das ist im Augenblick nicht unser Thema, und ich habe mich an anderen Stellen ausführlich zu diesen Fragen geäußert. Hier können wir uns auf die Feststellung beschränken, dass es dem EDUCANDUS, unabhängig davon, was die sozio-kulturellen Bedingungen (einige Theorien sprechen hier sogar von Ursachen) sein mögen, offen steht, sich auf diese Kommunikation einzulassen, sich desinteressiert von ihr abzuwenden oder sie ganz und gar zurückzuweisen. Hier tut sich eine Vielfalt von Wegen auf, die zu sozialem und kulturellem Wachstum, aber auch zu einer Vertiefung in der eigenen Innerlichkeit führen können, wobei ihre Modalität von Mal zu Mal durch die konkrete existentielle Situation mitbestimmt wird, ohne dass wir hier in Utopie, in die kategorische Pflicht eines formalen Sollens oder in pure Zufälligkeit zu verfallen hätten.

Sähe man von der gegebenen Situation ab, in der jedes erzieherische Handeln seinen Ausgangspunkt zu nehmen hat, könnte man das menschliche Leben gar nicht auf die Einzigkeit und Einmaligkeit der Person zurückführen, die immer ein Hier und Jetzt ist. So aber muss es heißen: HIC HOMO INTELLIGIT, HIC HOMO (REM) AGIT, HIC HOMO LOQUITUR (hier erkennt eine Person, hier handelt eine Person, hier spricht eine Person). Wenn von einem Wissen von der und über die Erziehung die Rede ist, einem Wissen, das man gewohntermaßen Pädagogik nennt, dann kann dieses nicht nur das Erkennen, das Handeln, das Herstellen und die Sprache schlechthin und allgemein betreffen, sondern es muss sich immer auf den konkreten Menschen, auf diesen da als Subjekt des Erziehungsprozesses beziehen. Ich in meinem personalen Sein bin EDUCANDUS; ich bin auf einen Weg gestellt, der erzieherisch und damit zu einem „pädagogischen Weg“ werden kann, dann nämlich, wenn er als Ziel das Wertwachstum meiner Person durch die möglichst harmonische und kohärente Aktuierung aller ihrer Tätigkeiten, Potenzen, Dimensionen oder Kategorien (wie immer man sich hier ausdrücken will) anstrebt. Hier geht die zweidimensionale Figur des Quadrats endgültig in eine dreidimensionale Figur über; welche man zur Veranschaulichung wählt, mag davon abhängen, welche man aus didaktischen Gründen für die brauchbarere hält.

13. Theorie und Praxis

Wenn wir in Hinsicht auf die Erziehung mit aller Entschiedenheit die Kategorie der Möglichkeit an die Stelle der Kategorie der Notwendigkeit rücken, dann kann das nicht heißen, es solle der kategorische Imperativ des „Du sollst dich erziehen“ (oder besser: „Ich soll mich erziehen“) geleugnet und außer Kraft gesetzt werden, wenngleich andererseits gilt, dass dieser seine Rechtfertigung nur innerhalb eines ethischen Diskurses findet (die Ethik freilich schließt wiederum den ganzen Menschen ein). Für die Pädagogik bedeutet das Zöglingsein nur die Anerkenntnis eines gegebenen Status, der angereichert und ausgebaut werden kann und von dem die Erziehung auszugehen hat. Der hier ansetzende Weg wird dabei umso erfolgreicher sein, je mehr es gelingt, alle Möglichkeiten auszuschöpfen, die sich auf der existentiellen Ebene anbieten. Das führt die

Pädagogik dazu, alle jene real gegebenen Bedingungen zu erforschen, die dann die Entscheidung für ein bestimmtes Erziehungshandeln (gegenüber allen möglichen anderen) erlauben und plausibel machen.

Jede *Theorie der Erziehung* ist aufgerufen, ein „Modell“ von Erziehung vorzuschlagen; dieses aber ist solange bloßes „Modell“, bis es ihm gelingt, mit der größtmöglichen Stimmigkeit das Ziel der Erziehung und die Mittel und Vorgehensweisen zu seiner Erreichung in Einklang zu bringen und beide auf das Subjekt des Zöglings zu beziehen. Ohne die enge Verknüpfung von Anthropologie (die Person), Teleologie (das Ziel der Erziehung) und Methodologie bleibt die Pädagogik bzw. die Theorie der Erziehung ohne Sinn und Bedeutung und außerdem stumm im Hinblick auf eine Erklärung ihrer Probleme. Wenn man sagt, der Pädagoge oder, von Mal zu Mal, diese oder jene Epoche, diese oder jene soziale Gruppe habe ihr „Modell“ von Erziehung vorgelegt und, indem sie es vorlegte, auch gerechtfertigt und begründet, so darf nicht die falsche Vorstellung entstehen, als handelte es sich darum, dieses „Modell“ nunmehr in der Praxis fügsam zu wiederholen und anzuwenden. Eine solche Vorstellung wäre nicht nur deshalb falsch, weil sie der Tatsache gegenüber blind bliebe, dass sich die erzieherischen Situationen ständig verändern; sie wäre auch deshalb irrig, weil sie verkennte, dass die Erziehung in den Bereich der Praxis fällt; dort aber führt jede Theoriebildung zur Formulierung eines „praktischen Syllogismus“, der – wie schon Aristoteles mit aller Klarheit aufgezeigt hat – aus seinen Prämissen keine notwendigen Schlussfolgerungen ziehen kann. Nur der Obersatz ist universal und notwendig, der Untersatz dagegen ist situationsgebunden, individuell verschieden, existentiell bestimmt und deshalb unweigerlich hypothetisch und bloß möglich. Von daher rührt das Risikohafte – manche sprechen hier von einer bloßen „Wette“ – des Ausgangs; es ist durchaus möglich, dass man überhaupt nicht zu einem (guten) Ausgang bzw. zu einem Ergebnis gelangt. Dieser Unsicherheitsfaktor gründet darin, dass in der Praxis eine freie Entscheidung zum Tragen kommt.

An dieser Stelle könnte der Eindruck entstehen, als müsste eine personalistische Erziehungstheorie notwendigerweise pessimistische Züge annehmen, während doch die Erziehung selbst unbedingt von einem heiteren und zuversichtlichen Optimismus geprägt sein sollte. Dieser scheinbare Widerspruch löst sich auf, wenn wir seine innere Logik begreifen. Es ist zwar richtig, dass sich in jedes Erziehungsmodell eine gehörige Portion von Utopie einmischt, aber es wäre doch geradezu widersinnig, sich unüberlegt auf einen pädagogischen

Höhenflug zu begeben und die Berührung mit der Wirklichkeit zu verlieren, ohne dass man wenigstens einigermaßen auf pädagogisch relevante Ergebnisse zielt, und zwar nicht nur auf der rein gedanklichen, sondern auch auf der empirischen Ebene.

14. Theorie der Erziehung

An dieser Stelle scheint es notwendig, auf zwei mögliche Einwände einzugehen, die gegen unsere bisherigen Überlegungen vorgebracht werden könnten. Und da diese möglichen Einwände eine Gegenposition gegenüber der unsrigen einnähmen, ist eine Klärung sicher nicht überflüssig.

Der erste Einwand richtet sich gegen die Allgemeinheit unserer Überlegungen und wirft ihnen vor, sie führten zu rein formalen Gesichtspunkten, blieben also letztlich inhaltslos. Da die Erziehung aber auf die konkrete Situation Bezug nehmen muss, könne sie nicht von dieser oder jener Wahl, d. h. von diesem oder jenem Inhalt absehen. Es ist sicher richtig, dass es sich bei der von uns aufgezeigten „vierfachen Wurzel" der Person um etwas sehr Allgemeines handelt; wer könnte und wollte auch leugnen, dass der Mensch *Innerlichkeit, Sozialität, Theorie* und *Praxis* ist? Die Erziehung ist aber mehr als die bloße Kenntnis und Anerkenntnis dieser „Dimensionen": sie ist vor allem Interpretation, Deutung und sodann ein sich daraus konsequent ergebendes Handeln. Als solches aber ist sie auf ein deutlich bestimmtes Konkretes bezogen. Es genügt nicht, vom Ich zu reden, sondern man muss es irgendwie in einen Zusammenhang stellen, man muss es interpretieren, d. h. aber auf eine theoretische Ebene heben. Wir geben gerne zu, dass es uns um allgemeine Gesichtspunkte, freilich nicht um inhaltsleere Belanglosigkeiten, zu tun ist: nämlich zu klären, was die allgemeinen Bedingungen dafür sind, dass Erziehung möglich und plausibel wird. Die Erziehung ihrerseits wird sich fraglos an Inhalten ausrichten und sich „mit Inhalten anfüllen", und zwar entsprechend der Theorie, die ihr in dieser oder jener Hinsicht als Legitimation dient. Dabei ist es diese Theorie, welche die Erziehung von allem unterscheidet, was nicht als Erziehung gelten kann. Gerade dies setzt voraus, dass man sich Klarheit über jene Gegebenheit verschafft, von der man auszugehen hat: Ohne klare Kenntnis des Subjekts, das sich erzieht, wird man schwerlich klare Einsicht in das Wesen der Erziehung gewinnen. Halten wir also fest: Eine Radiographie des Erziehungssubjektes kann nur die *Bedingungen der Möglichkeit von Erziehung* aufzeigen, und sie vermag sichtbar zu machen, dass der Mensch als solcher wachsen und sich vervollkommnen kann. Nicht dagegen will sie schon die Thematik der Inhalte (also die Frage der Ziele und Methoden) aufwerfen, sondern sie überlässt diese ausschließlich der bereits ausformulierten Theorie.

Gegen diese Klarstellung kann sich der zweite Einwand erheben, der da lautet: In dem Augenblick, in dem man diese und keine andere Radiographie darbietet, ist die Theorie, wenigstens implizit, ebenfalls bereits gegeben. Nun lässt sich in der Tat nicht bestreiten, dass unser Quadrat tatsächlich schon jene Dynamik enthält, die dann zu einer dreidimensionalen oder, wie wir gesagt haben, zu einer „offenen", d. h. zu einer Figur führt, die eines mehr oder weniger offenen Wachstums fähig ist. Werden damit nicht andere Möglichkeiten rundweg ausgeschlossen wie z. B. die Möglichkeit, nicht wachsen zu können und nicht aktiv sein zu können? Diesem Einwand kann in der Tat nicht widersprochen werden.

Dennoch ist entgegenzuhalten, dass die Erziehung, und zwar eine jede Erziehung, nur unter bestimmten Bedingungen begrifflich plausibel und operativ möglich ist. Der einzig wirklich *pädagogische* Ausgangspunkt, d. h. der Punkt, auf den sich alles Wissen von der und über die Erziehung beziehen muss, liegt doch darin, dass „die Erziehung eine Möglichkeit des Menschen und für den Menschen" darstellt. Wenn man das nicht anerkennt, wird es völlig überflüssig, darüber nachzusinnen und das zu klären, was nicht möglich ist und darum auch nicht geschehen kann. Ein solcher Diskurs würde, wenn nicht widersprüchlich, so doch leer und hohl.

Um abzuschließen (und zwar dieses Kapitel, nicht die Erörterung dieser Probleme), lässt sich folgendes sagen: Alle konkrete Erziehung und jedes Erziehungsprojekt bezieht sich immer und notwendig auf eine Theorie – gewöhnlich wird diese *Pädagogik* genannt –; diese wiederum ist zweifellos an die konkrete Situation gebunden, wie Kultur und Zivilisation sie HIC ET NUNC widerspiegeln und dokumentieren, aber ebenso auch an die Reflexion des Wissenschaftlers über die Modalitäten, demgemäß er in MP das Verhältnis von I zu S, zu T und zu P sieht. Auch eine Geschichte der Erziehung könnte gar nicht über das Niveau einer bloßen Chronik von Ereignissen und Fakten hinausgelangen, wenn ihre Optik nicht von einer pädagogischen Theorie eingestellt würde.[94] Diese Theorie (T) wird sich, eben weil sie Theorie ist, niemals vollständig in erzieherisches Handeln und damit in Praxis (P) umsetzen lassen; aber die gleiche Überlegung würde auch umgekehrt für die Praxis gelten.

Wenn eine Theorie dann als ein Entwurf von Erziehung zu verstehen ist, drängt sie unweigerlich darauf, Zustimmung zu gewinnen. Diese Zustimmung ist unerlässlich, wenn sie sich in (soziale und politische) Praxis übersetzen will. Von daher ergibt sich beinahe zwangsläufig die Auseinandersetzung mit anderen Theorien, handele es sich um solche, die explizit ausgeführt wurden, oder um solche, die implizit in einem gegebenen erzieherischen Handeln wirksam werden. Der *argumentative Dialog* wird zum unerlässlichen Instrument, um zu dem gewünschten Konsens zu gelangen oder wenigstens dazu, den eigenen Standpunkt von anderen Positionen deutlich abzugrenzen. Natürlich spielt sich diese Auseinandersetzung nicht nur auf pädagogischer Ebene ab, sondern auch zwischen einer Pädagogik (einer Theorie der Erziehung) und einer Politik, einer Soziologie, einer Psychologie, wobei diese sowohl als Wissenschaften (d h. als T), aber auch als Praxis (P) auftreten. Hier entspringt auch die Möglichkeit, dass die Erziehung ideologisch infiziert wird, sei es, indem die Praxis das Diktat über die Theorie erobert, oder sei es, dass einseitige und/oder aprioristische Annahmen zu beherrschenden Ideen werden. Die von uns unternommene Radiographie will also nichts anderes, als jene Basis zeigen, in der die Bedingungen der Erziehung wurzeln, einer Erziehung, die niemals ein anderes Ziel verfolgen kann, als – um es noch einmal mit den Worten Giambattista Vicos zu sagen – *„die Menschlichkeit aus dem Menschen herauszuziehen"*, und zwar so vollkommen und so harmonisch wie möglich.

Von diesem Ziel gilt nicht nur, dass es mehr oder weniger (je nach den Bedingungen, denen der einzelne unterworfen ist) verwirklicht werden kann, sondern auch, dass man es auf ganz verschiedene Art und Weise, d. h. durch frei getroffene Wahlen und Entscheidungen erreichen kann. Wenn von Wahlen und Entscheidungen die Rede ist, sieht man sich unvermittelt der wissenschaftlichen und/oder philosophischen Frage nach dem Wesen des Menschen gegenübergestellt, vor allem aber hat man dann die Zukunft als etwas (noch) Unbe-

---

94 Vgl. dazu meinen Beitrag über Geschichte der Pädagogik und pädagogische Theorie, in: Winfried Böhm, Jürgen Schriewer (Hrsg.): Geschichte der Pädagogik und systematische Erziehungswissenschaft, Stuttgart 1975, S. 11-19.

stimmtes anzusehen, das gleichermaßen (pädagogische) *Aufgabe* und (tatsächliches) *Wagnis* ist.

Genau hier berühren wir aber die Bestimmung des Menschen in seiner Endlichkeit und damit die jeder einzelnen Person in der Einmaligkeit ihrer Existenz.

III. Das begründende Prinzip

1. Philosophie und Philosophieren

In den letzten Jahren ist es innerhalb der praktischen Wissenschaften – in Ethik, Soziologie, Politik, vor allem in der Pädagogik – wieder häufiger geworden, dass man sich auf die „Person“ beruft, und zwar nicht nur in allgemeinen Formulierungen wie „Erziehung der Person“ oder „Entwicklung der Persönlichkeit“, sondern auch in dem engeren Sinne, dass man sich gezielt um eine Klärung der Wesensmerkmale und der spezifischen Eigenschaften der menschlichen Person bemüht. So hat man beispielsweise Kreativität und Kritikfähigkeit als solche auszeichnenden Merkmale herauszustellen versucht. Wer von dieser Beobachtung aus den Schluss ziehen wollte, dieser Sprachgebrauch und dieses Forschungsinteresse zeugten untrüglich von einem sich immer weiter ausbreitenden und lebendigen „Personalismus“, jenem Denkansatz also, der sich historisch mit der 1932 von Emmanuel Mounier gegründeten Zeitschrift *„Esprit“* verbindet und der auf der Grundthese vom *Primat der Person* beruht, der erläge freilich einem Trugschluss. Denn mit „Personalismus“ meinen wir etwas Genaueres und präziser Bestimmtes als die bloße Rede von der Person, wie sie auch dem Existenzialismus, der Phänomenologie, dem Strukturalismus, dem Funktionalismus und anderen moderneren Theoriebildungen vertraut ist.

Diese Präzisierung wirft freilich die historisch und systematisch interessante Frage auf, ob und, wenn ja, in welcher Hinsicht der Personalismus als eine Philosophie zu verstehen ist. Mounier selbst und seine engsten Mitarbeiter haben auf diese Frage bekanntlich eine negative Antwort gegeben, und darin wurden sie auch von Jacques Maritain unterstützt, für den der Personalismus weder eine Schule noch eine Lehre, sondern mehr eine Erwartungshaltung oder ein bloßes Reaktionsphänomen darstellt. In Wirklichkeit darf man die Antwort auf diese Frage nicht in diesem oder jenem Personalismus suchen; auch nicht im italienischen, der zu einem guten Teil aus der Kritik am Neoidealismus heraus entstanden ist und dabei ohne Zweifel eine viel tiefere theoretische Fundierung erlebt hat als andere Personalismen. Wenn man eine begründete Antwort auf diese Frage geben will, dann muss man die Frage selbst genauer untersuchen und dabei vor allem an jene zweifache Bedeutung anknüpfen, die dem Terminus Philosophie von jeher zu eigen war.

Gewiss meint Philosophie zunächst jenes Wissen der Philosophen, das von diesen mit Hilfe streng logischen Vorgehens gewonnen und zu kompakten, wohlgerundeten und organisch gewachsenen Systemen geordnet wurde. Auf diese Weise ist es der Philosophie gelungen, ihre eigenen Grenzen zu ziehen und sich von Religion und Wissenschaft zu unterscheiden; gleichzeitig hat sie sich nach innen hin strukturiert, und zwar nach der Ordnung ihrer Grundprobleme und der von Mal zu Mal in Angriff genommenen Einzelfragestellungen. So kennen wir monistische und dualistische, empirische und rationalistische Philosophien, die Transzendentalphilosophie, die Phänomenologie, Materialismus und Spiritualismus usw. Allen diesen Positionen ist eigen, dass sie alles, was in den Horizont menschlichen Wissenwollens tritt, mit einem einzigen Paradigma zu erklären suchen: die Dinge, die Ideen, die Gefühle, aber auch die Zeit, den Raum und die Bewegung. Doch nur schwerlich vermag ein solcher Zugriff alle Gegenstände gleichermaßen zu erfassen.

Diese Schwierigkeit führt zu einer anderen Auffassung von Philosophie, welche auch der etymologischen Bedeutung des Wortes näher kommt, nämlich als einer *Liebe zur Weisheit und zum Wissen*. In diesem zweiten Verständnis bezeichnet Philosophie nicht das Wissen selber (als Wissen von diesem und von jenem), sondern die *Suche* nach Wissen und das *Streben* nach Erkenntnis, beide grundsätzlich unbeendbar, wie hartnäckig und beständig sie auch sein mögen. Der Philosoph versteht sich hier als Forschender und als Suchender, mit einem anderen Wort auch als Herumschweifender in dem Sinne, in dem Sokrates das Philosophieren gekennzeichnet hat: ein vernünftiges und vernunftgemäßes Forschen,[95] das auf das Ganze zielt, gerade darum aber nicht an ein Ende kommt und deshalb ständig weiter entwickelt, ergänzt und korrigiert werden muss. Diesem Philosophieren gilt das suchende Fragen mehr als fertige Antworten, und es herrscht das Bemühen vor, Probleme schärfer herauszuschälen und zu formulieren. Dieses Verständnis von Philosophie, das sich durch die ganze Geschichte des abendländischen Denkens hindurch verfolgen lässt, hat seit dem 19. Jahrhundert den Vorrang gegenüber der anderen Auffassung von Philosophie gewonnen. Das nimmt nicht wunder; denn nach

---

[95] Der Verfasser gebraucht im Italienischen die nicht ohne weiteres ins Deutsche zu übersetzende Gegenüberstellung von razionale und ragionevole. [Anm. d. Übers.]

dem letzten bedeutenden Versuch, ein umfassendes und vollständiges „System“ aufzubauen, wie ihn Hegel unternommen hat, ist die Philosophie als geschlossenes Lehrgebäude in eine tiefe Krise geraten und sich ihrer inneren Widersprüche wie ihrer eigenen Zweideutigkeiten bewusst geworden. Sie hat dabei auch darauf verzichtet, sich als Alternative zur Wissenschaft anzudienen. Das Zerbröckeln abgeschlossener und vermeintlich endgültiger Systeme und Systembildungen hat eher dazu geführt, dass sich die philosophische Forschung an den Vorgehensweisen der Naturwissenschaft orientiert, die heute unter methodologischer Rücksicht als geradezu exemplarisch angesehen werden.

Wir erinnern sehr gerafft und fast nur beiläufig an diese Situation, weil wir vor einer allzu eiligen und nassforschen Polemik gegenüber der Philosophie warnen möchten Denn wenn es heute auch utopisch erscheinen muss, in den Besitz einer erschöpfenden Deutung und Erklärung der Wirklichkeit gelangen zu wollen, so bleibt doch das Bedürfnis des Menschen in Theorie und Praxis bestehen, alles Teilwissen und alle „Teile“ in einen Gesamtzusammenhang zu stellen. Dieses Verlangen ist sogar konstitutiv für das menschliche Erkennen; und es sieht sich, nachdem jeder Wille und alle Fähigkeit zu totalisierender Systembildung hinfällig geworden ist, dazu genötigt, seine Zuflucht zur Formulierung von „Theorien“ zu nehmen. Diese tragen zwar ausnahmslos die Merkmale des Subjektivismus und des Relativismus an sich (was freilich nicht daran hindern kann, dennoch von einer Objektivität und Gegenständlichkeit der Wissenschaft zu reden) und sind sich ihrer eigenen Grenzen und ihrer Vorläufigkeit bewusst. Und doch können sie wenigstens tendenziell der Versuchung allen Wissens nicht entgehen, sich zum einheitlichen und umfassenden Interpreten aller Gegebenheiten machen zu wollen. Wir sagen das mit vollem Bedacht im Hinblick auf den Personalismus. Denn mag es auch richtig sein, dass dieser niemals zu einer Philosophie des ersten Typs werden will und kann, so schließt ihn doch seine Charakterisierung als eine „Erwartungshaltung“ oder besser als ein Suchen und Forschen keineswegs aus dem Umkreis heutigen Philosophierens aus. Im Gegenteil erklärt sie ihn zu einer Theorie neben vielen anderen Theorien und Theoriebildungen der Gegenwart; diese erwachsen aus philosophischen oder wissenschaftlichen Fragestellungen, und sie konstituieren sich als ein Wissen, indem sie sich, dialektisch oder nicht, zwischen dem einen und dem anderen Pol hin- und herbewegen. Die alte Antithese von Positivismus und Idealismus, von Wissenschaft und Philosophie gehört in das 19. Jahrhundert; heute hat man von ihrer Konvergenz auszugehen, und an die Stelle eines überholten AUT-AUT (entweder – oder) ist ein verbindendes ET-ET (sowohl – als auch) getreten.

2. Erkennen und Sein

Es ist also keineswegs abwegig, wenn wir von einer Philosophie oder sogar von einer *Metaphysik der Person* sprechen; nur muss man sich dabei das bisher Ausgeführte vor Augen halten. Das heutige Verständnis von Philosophie unterstreicht den Forschungscharakter des Philosophierens und damit die Bereitschaft, Theorien zu formulieren und aufzustellen. Das ist durchaus nicht in dem Maße der Beliebigkeit anheimgestellt wie etwa die Kunst,[96] sondern hat nach methodischen Prinzipien und korrekt zu erfolgen. Es ist in der Tat dieses methodische Vorgehen, welches allein garantieren kann, dass man wirklich die Person erforscht und sich nicht mit einem „Gegenstand" befasst, der nur annäherungsweise so genannt werden kann. Und deshalb wäre es genauer, nicht von einer Philosophie oder Metaphysik der Person zu reden, sondern von einer Philosophie *dieser Person,* d. h. von einer Philosophie des konkreten existentiellen *Ich* HIC ET NUNC. Das ist der Ausgangspunkt, von dem allein her eine „Theorie der Person", welche Struktur sie auch immer annähme, aufgebaut werden kann.

Dass eine Philosophie oder eine Metaphysik des Objektiven das *Subjekt* nie und nimmer erreichen und analog dazu auch eine Philosophie oder Metaphysik des Unpersonalen nicht zur Person gelangen kann, ist oft genug gesagt und bestätigt worden. Man kann aber gar nicht oft genug wiederholen, dass die *Person* nicht als „Objekt" und nicht in der Modalität einer RES (Sache), aber auch nicht als bloße *Idee* angesehen werden kann. Wollte man dabei von einer Substanz oder von einer begrifflichen Abstraktion ausgehen, so hieße das, von einer objektiv gegebenen Wirklichkeit auszugehen. Von hierher leiten so viele nichtpersonalistische Philosophien die Berechtigung ab, in dieser oder jener Weise von der Person zu handeln. Man muss deshalb

[96] Vgl. dazu Paul K. Feyerabend: Wissenschaft als Kunst, dt. Frankfurt 1984.

mit aller zu Gebote stehenden Entschiedenheit darauf beharren, dass es für eine wirkliche Theorie der Person keinen anderen Ausgangspunkt geben kann als „diese Person", d. h. *meine Person,* wie sie sich in der Unmittelbarkeit der Erfahrung gibt. Das ist das erste Gegebene: der Kontakt – man nenne es getrost „Intuition" – mit sich selbst (mit mir), wo ich mich *Ich* heißen kann oder – noch bevor ich mich so heißen, kundtun und mitteilen kann – mich als *Ich* fühlen kann, sei es gleich noch in der Entstehung meines Selbstseins und noch ehe ich einen klaren Begriff von mir zu fassen vermag.

Offensichtlich stellt sich schon in dieser ersten Erfahrung das Problem der Beziehung von Subjekt und Objekt und darüber hinaus das grundlegende Problem von *Erkennen und Sein.* Ist es eine originäre Erfahrung (= Erkenntnis), die mich zum Sein (zu meinem Sein) führt, oder ist es das Sein (mein eigenes Sein), das sich in meiner Erfahrung offenbart und Beweiskraft erlangt? Was ist logisch das erste? Empirisch gesehen, d. h. auf der Ebene der konkreten und psychologisch fassbaren Erfahrung scheint es keinerlei Vorrang zu geben; die Erkenntnis meiner selbst ist gleichzeitig mit meinem Sein (dem Ich, das erkennt) vorhanden. Dessen ungeachtet bleibt das logische Problem bestehen und verlangt, nach dem Verhältnis von Ontologischem und Ontischem zu fragen. Mit anderen Worten: Wenn das erste Gegebene die erste originäre Erfahrung ist, dann wird in dem Augenblick, da diese Gegebenheit in den Umkreis einer Theorie gestellt und damit erklärt sowie interpretiert wird, die Person (= das Ich) ganz anders aussehen und eine ganz andere Deutung finden, je nachdem, ob man sich auf die Ebene des Realismus oder auf jene des Idealismus begibt, also den Vorrang im einen Falle dem Sein, im anderen Falle dem Denken und Erkennen zuspricht. Zwei Jahrhunderte – und es waren Jahrhunderte intensiven philosophischen Forschens –, nachdem Fichte die berühmte Antithese aufgestellt hat, man müsse sich entweder für den *Dogmatismus* oder für den *Idealismus* entscheiden, scheint sich diese Alternative von neuem aufzudrängen, allerdings mit einer schwerwiegenden Bedeutungsveränderung. Der Dogmatismus scheint heute eher jener idealistischen Philosophie eigen zu sein, die das denkende (rationale) Ich zum Prinzip der gesamten Wirklichkeit erklärt, während der Dogmatismus dort überwunden ist, wo man sich auf jene personale Erfahrung bezieht, die jedem wissenschaftlichen Diskurs und jeder Logik vorausgeht. Wenn eine Theorie der Person irgendeinen Sinn haben soll, dann muss sie sowohl das cartesianische „Ich denke (= erkenne), also bin ich" als auch die phänomenologischidealistischen Vorstellungen eines Berkeley, der die gesamte Wirklichkeit auf das Denken zurückführt, hinter sich lassen. Ebenso muss sie aber auch jeder Versuchung zu einer Substantialisierung des Inhalts der personalen Erfahrung widerstehen; denn eine solche zöge im Gegenteil ein Verständnis der Person nach sich, das diese im Sinne einer unbeweglichen Wirklichkeit (als an und für sich seiende Substanz) oder als Behälter für alle Erfahrungen fassen müsste, die diese psychologisch in eine zeitliche Kontinuität zu bringen hätte. Hier stellt sich in der Tat die Frage nach dem Sein der Person und nach ihrem Dasein, auch wenn uns davon tatsächlich allein das Denken und Erkennen Zeugnis ablegt, und zwar in der raum-zeitlichen Dimension, in der sich die menschliche Erfahrung ereignet. Dieses ist das konkret Gegebene, von dem man auszugehen hat.

Ohne Zweifel haben wir es immer mit einem HIC ET NUNC zu tun, aber schon die bloße Notwendigkeit, dieses Hier und Jetzt zu überschreiten, es mit anderem zu vergleichen – dem Früheren und/oder dem Späteren – und zu Assoziationen und Abstraktionen weiterzugehen (diese verlassen die reine Sinneswahrnehmung und steigen bis zur aristotelischen Theorie und zu Allgemeinbegriffen auf), verweist auf eine Dynamik und auf einen Fortschritt, die sich tendenziell auf das Ganze hinbewegen, wobei diese Tendenz nicht ins Utopische und erst recht nicht ins Absurde und Widersprüchliche zielt, sondern auf das noch nicht Verwirklichte. Erneut stoßen wir auf das Philosophieren als Gerichtetheit, als Weg und als „Tendenz", nicht aber als „Besitz". Und das, was als *Erkennen* zum Problem wird, das ist sein Verständnis als eine Öffnung auf anderes hin, das ist die Suche nach genauer formulierten Fragestellungen. Und das Sein? Das Sein der Person? Kaum dass die unmittelbare Erfahrung das Ich zeigt, macht sich dieses zum Subjekt des Fragens und Nachforschens, auch und vor allem nach sich selbst. Unser Diskurs siedelt sich daher im anthropologischen (und folglich im kulturellen) Bereich an, und er sieht sich der Forderung ausgesetzt, der chronologischen Aufeinanderfolge der einzelnen HIC ET NUNC, die stets die Gegebenheiten für eine jede empirische Verifizierung darstellen, einen Sinn zu verleihen. Diese Forderung stellt sich deshalb so vehement, weil genau diese „Daten" als Ausgangspunkt für jede Theoriebildung dienen müssen.

3. Rationalität und Empirie

Was ist also die Person, genauer sogar: *meine* Person; was ist, wenn ich *Ich* sage? Bevor wir eine Antwort auf diese Frage geben und noch bevor wir das Problem genauer formulieren, tut es gut daran zu erinnern, dass die Philosophie, substantiell aber auch die Wissenschaft, ihre Fragen seit jeher auf zweierlei Weise zu beantworten versucht haben: mit Hilfe der *logischen* Vernunft und mit Hilfe der *empirischen* Vernunft. *Rationalismus* und *Empirismus* stehen sich gar nicht feindlich gegenüber. Das mag allenfalls bei einer radikalen Gegenüberstellung so erscheinen, die nur die Ausgangsdaten und die Ergebnisse in den Blick nimmt und das dazwischen liegende methodische Vorgehen außer Acht lässt. Heute hat man zu verstehen gelernt, was Galileo Galilei mit seiner Methode einer „vernünftigen Erfahrung" gemeint hat; sie ist Deduktion und Induktion zugleich, sie ist Mathematik, ja sogar Mathematisierung (die Natur sei, so Galilei, in der Sprache der Mathematik verfasst), und sie ist kontinuierliche Verifizierung durch Erfahrung und Experiment. Die Methode der Forschung verfährt nicht alternativ (deduktiv oder induktiv), sondern komplex, und sie schließt andere Vorgehensweisen, z. B. ein Vorgehen PER ANALOGIAM (mit Hilfe von Analogien), sogar bildhafte und metaphorische Verfahren nicht aus, sondern ein.[97] Logik und Empirie hatten sich einer Rationalität verschrieben, die sich als solche als objektiv (vgl. Spinozas ORDO AC CONNEXIO) verstand und nach dem Allgemeinen und Universalen ausstreckte, indem sie in der physischen Welt nach Gesetzen und in der moralischen Welt nach Normen suchte. Wenn man dem Menschen selbst eine gewisse Aufmerksamkeit schenkte (man weiß, dass sich selbst der Renaissance-Humanismus nicht aus den Fängen der kosmisch und gerade nicht anthropologisch ausgerichteten platonisch-aristotelischen Rationalität befreien konnte), dann führte das bestenfalls zu den ebenso stimmigen wie folgenreichen Systemen eines Spinoza oder eines Leibniz. In dem einen sieht sich der Mensch dem Zwang eines substantiellen Determinismus, im anderen dem einer prästabilierten Harmonie unterworfen; dieses Subjekt wird faktisch und rechtlich jeder Aktivität und Autonomie beraubt, und es kann gar nicht anders, als sich in eine bereits geschaffene Ordnung „einzuschreiben".

---

[97] Zu diesem Thema sind die Referate des XXXIII. Convegno del Centro Studi Filosofici di Gallarate außerordentlich aufschlussreich, die unter dem Titel Metafora dell'invisibile. Ricerche sull'analogia 1984 in Brescia erschienen sind.

Eine Theorie der Person dagegen hat in jener „Modalität“ oder in jeder „Monade“ Mensch gerade umgekehrt *Aktivität* und *Autonomie* aufzusuchen und zu entdecken, um ihn wirklich zu einem *Subjekt* machen zu können (was etwas anderes als eine bloße Modalität der Substanz ist).

Hier ergibt sich eine Frage, die freilich nicht immer mit der gehörigen Klarheit und ausdrücklich formuliert wird, ob nämlich allein das streng rationale Vorgehen geeignet sei, eine Deutung und Interpretation des Menschen zu geben. Gleich ob man empirisch-assoziativ oder analytisch-abstrakt verführe, stets bewegte man sich über das hier und jetzt Gegebene hinaus, und dieses würde von einem bestimmten Punkt ab sogar vernachlässigt. Wenn man dann irgendwie doch zu ihm zurückzukehren versuchte, träfe man es nur noch als bereits vom Ganzen und vom Allgemeinen aufgesogen an, sei es als Naturgesetz oder sei es als Verhaltensnorm. Jedes streng rationale Vorgehen muss mit unerbittlicher Konsequenz und ausschließlich seiner eigenen logischen Notwendigkeit folgen. Schon Aristoteles – und ihm wird man schwerlich vorwerfen können, er habe die Gesetze der Logik missachtet – hat, wie wir schon gesagt haben, deutlich festgestellt, dass es vom konkreten Einzelnen keine Wissenschaft geben kann, allenfalls nur eine geschichtliche Chronik oder eine biographische Beschreibung. Gerade deshalb muss der Gebrauch des Begriffes „Person“ zweideutig, wenn nicht gar widersprüchlich erscheinen, denn er könnte als ein bereits scharf gefasster oder als ein streng logisch fassbarer Begriff angesehen werden. Dann aber würde eine Theorie der Person von neuem auf die Ebene einer rationalen Objektivität und damit des Unpersonalen zurückfallen.

Es ist aber nicht von einem abstrakten Begriff auszugehen, sondern unmittelbar von *dieser* Person, d. h. von *meiner* Person und folglich von jenem ersten Gegebenen, das die Erfahrung meiner selbst für mich darstellt. Handelt es sich dabei um bloße Intuition? Das mag sein. Auf jeden Fall handelt es sich um etwas, das jedem rationalen Vorgehen, sei es logisch und/oder empirisch, vorgängig ist und die Möglichkeit eröffnet, auch andere Methoden und Verfahrensweisen anzuwenden, wenn diese nur dem Forschungsunternehmen und seinen Zielen entsprechen.

4. Erklären und Verstehen

Wie wir alle wissen, hat die Krise, in die der Hegelianismus in den letzten Jahrzehnten des 19. Jahrhunderts, insbesondere in Deutschland, geraten war, dazu geführt, dass man die mögliche Anwendung der naturwissenschaftlichen (oder experimentalwissenschaftlichen) Methoden auch auf dem Gebiet der Humanwissenschaften erprobte. Dabei stieß man jedoch auf eine Tatsache, die für eine unüberwindliche Verschiedenheit der beiden Wissenschaftsgebiete zu sprechen schien. Diese Tatsache bestand darin, dass der Forschungsgegenstand der Humanwissenschaften das forschende Subjekt selber war, so dass hier jenes distanzierte und auf gewisse Weise aseptische Wissen der Naturwissenschaften gar nicht möglich war und die „Wahrheit" des Erkennens hinsichtlich seiner objektiven Gültigkeit in Frage stellte. Gleichsam in der ersten Person engagiert zu sein, kann doch nur in Subjektivismus und Relativismus enden und ein Pseudowissen hervorbringen, bei dem eine lebendige Betroffenheit die Stelle der theoretischen Vernunft einnimmt.

Man war nämlich damals noch davon überzeugt, dass nur die Naturforschung zu einem wahrheitsfähigen Wissen gelangen könne, während der Mensch einer Vielfalt von Meinungen entsprechend der Vielheit von Gefühlen, Leidenschaften und Vorstellungen unterlag, die insgesamt eine nicht hintergehbare Vielfalt von Erfahrungen darstellten. Eine Annäherung der beiden „Kulturen" schien nur möglich, wenn man das *Verstehen* als eine andere Erkenntnisweise dem rationalen *Erklären* zur Seite stellte. Aber das Verstehen trägt Elemente der Anteilnahme in sich, aufgrund derer das Subjekt und das Objekt der Forschung zusammenfallen, wenn man es mit dem Menschen und seinen Problemen zu tun hat. Verstehen bedeutete also, über die Methoden „objektiver" Forschung hinauszugehen und die Techniken einer experimentellen Verifizierung zu überschreiten, wie sie für die physischen Gegenstände angemessen sind. Und man warf ganz konsequent die Frage auf, bis zu welchem Punkt *Empathie* und vielleicht auch *Sympathie* die Erkenntnis der menschlichen Wirklichkeit bestimmen. Wie und mit welchem Recht kann dann das Verstehen beanspruchen, Erkenntnis zu sein? Oder gibt es etwa im Hinblick auf den Menschen keine andere Alternative als die Nichtmitteilbarkeit und das Nichtverstehen? Wir werden weiter unten auf diese Frage zurückzukommen haben; hier ist nur so viel festzuhalten: Wenn das Objekt Mensch von dem gleichen Menschen als Subjekt erforscht wird, dann kann es keine nur rationale Methode geben, die rein objektiv und damit notwendig unpersonal wäre. Es ist also unumgänglich, andere Erkenntnisweisen zu suchen, wenn man nicht auf Erkenntnis verzichten oder seine Zuflucht zur Praxis nehmen will, die wohl eine Berührung mit dem Menschen herbeiführen kann, aber gleichzeitig auch die Tendenz enthält, den Menschen zu verändern (hier liegt der Ansatzpunkt einer möglichen Handlungsforschung und der mit ihr gegebenen Ineinssetzung von Theorie und Praxis).

Wenn wir ein Resümee ziehen wollen, dann können wir sagen: In dem Augenblick, da die Person zum Protagonisten einer (philosophischen, wissenschaftlichen oder pädagogischen) Theorie des Menschen wird, kann die angewandte Methodologie nicht (nur) auf ein rein rationales (ob logisches oder empirisches) Vorgehen beschränkt werden, wenn zutrifft, dass hier der „Theoretiker", d. h. das Subjekt der Theoriebildung, aufgrund einer gewissen Anteilnahme unmittelbar selbst betroffen ist. Wir werden später sehen, dass wir uns deshalb der Methode eines vernünftigen Argumentierens zu bedienen haben. Für den Moment genügt es zu unterstreichen, dass das Subjekt, d. h. die Person in die Methodologie dieser Forschung so stark involviert ist, dass diese Methodologie selbst nur in Begriffen der Subjektivität expliziert werden kann. Dabei bleibt es relativ belanglos, ob es die Einsicht in das Ungenügen einer streng objektiven Rationalität war, die im Gegensatz zu solchen „totalisierenden" Lehrmeinungen den Entwurf personalistischer Theorien hervorgerufen hat, oder ob der Ehrgeiz, ein neues und anderes Verfahren zur Erforschung der menschlichen Person zu entwickeln, dazu geführt hat, die Unangemessenheit anderer Methoden zu erkennen. Wichtiger ist einzusehen, warum *Person* und *Rationalität* nicht zusammengehen können, falls beide Begriffe weiterhin das bedeuten sollen, was sie bedeuten und bedeuten müssen: „Subjekt" und „objektive Gegenständlichkeit".

Etwas anderes bedarf noch der Klärung, auch wenn auf diesen Punkt schon früher, allerdings nur implizit, hingewiesen worden ist. Es ist festzuhalten, dass *Person* und *Individuum* nicht das gleiche sind und dass zwischen beiden Begriffen nicht nur keine Deckungsgleichheit, sondern nicht einmal eine analoge Entsprechung besteht. Der konkrete Mensch, also *dieser* hier, ist ganz gewiss ein Individuum und kann von anderen Individuen unterschieden werden, sofern man sich einer rationalen, nach Art- und Gattungsbegriffen klassifizierenden Vorgehensweise bedient. So geht ja bekanntlich der Prozess der Begriffsbildung vor sich: es sind Begriffe, mit denen man die

Wirklichkeit anhand des logisch analytischen Verfahrens, d. h. gemäß der Regel des GENUS PROXIMUM (der nächsten Gattung) und der DIFFERENTIA SPECIFICA (des eigentümlichen Unterschieds) erkennt (oder zu erkennen glaubt); aber das geschieht entweder nur durch Annäherung, oder man führt eine metaphysische Kategorie ein, wie es die Scholastiker beispielsweise mit ihrer MATERIA SIGNATA QUANTITATE (einer quantitativ bestimmten Materie) getan haben.

Die Person dagegen ist immer eine Kategorie für sich; sie stellt eine *Einheit* dar, die niemals von Art- und Gattungsbegriffen her definiert werden kann; sie ist einmalig und unwiederholbar. Genau in diesem Sinne ist sie nicht Individuum, nicht ein eines unter vielen; sonst wäre sie ja in einen Begriff zu fassen und einer „Klasse" zuzuzählen. Dass die Person einmalig und unwiederholbar ist, das kann und muss man von allen Personen sagen, aber nicht in dem Sinne, dass sie deshalb der Gattung „Einmaligkeit" oder der Gattung „Unwiederholbarkeit" zugehörten, weil diese nicht Qualitäten nach Art der Form, der Größe oder der Farbe darstellen. Es geht hier um die Klärung eines wesentlichen Gesichtspunktes, denn es müssen vor allem jene Missverständnisse ausgeräumt werden, die sich im Anschluss an die klassische Definition der Person durch Boethius ergeben haben und ergeben können. Gerade diese müssen beseitigt werden, wenn man die personalistischen Theorien unserer Tage unterscheiden will von jener philosophischen Rede von der Person, wie sie im Laufe der Geschichte auch Positionen eigen war, die ausdrücklich auf eine totalisierende Rationalität zielten.

Die Schwierigkeit, der sich Boethius gegenübergestellt sah, nämlich in der lateinischen Sprache eindeutige Entsprechungsbegriffe zum Griechischen zu finden bzw. zu formulieren, hat den Personbegriff zweifellos mit einigen erheblichen Missverständnissen und Zweideutigkeiten befrachtet. Boethius erklärt, dass der Mensch ein Sein besitzt, da er ist, eine Subsistenz, da er keinem anderen Subjekt einwohnt, und eine Substanz, weil er die Funktion eines Subjekts ausübt, schließlich auch eine Person, weil er ein vernünftiges Individuum ist. Diese in *„Contra Eutychen et Nestorium"* gegebene Erklärung geht weit über die ärmliche Definition der Person als einer NATURAE RATIONABILIS INDIVIDUA SUBSTANTIA hinaus, die gewöhnlich zitiert und überliefert wird, vor allem wenn man sie vor dem Hintergrund der mittelalterlichen Diskussion über Individualität (als einer MATERIA SIGNATA QUANTITATE) betrachtet. Der Rekurs auf eine kulturelle Überlieferung ist gewiss berechtigt und häufig sogar nützlich, aber man muss sich dabei stets vergegenwärtigen, dass die verwendeten Begriffe nicht aus allgemeinen, sondern aus recht genau bestimmten denotativen und konnotativen Elementen gebildet werden. Mit der philosophischen Klärung hat also eine philologische Hand in Hand zu gehen.

5. Person und Geschichte

Darüber hinaus muss ergänzt werden, dass es etwas anderes ist, ob man von einer anthropologischen und/oder humanistischen Perspektive her (aber wie viele Humanismen gibt es!) vom Primat des Menschen spricht, oder ob man die Person wirklich als das PRIMUM und als das begründende Prinzip einer philosophisch-wissenschaftlichen Theorie betrachtet. Das muss vor allem angesichts vieler spiritualistischer Positionen betont werden, die dem Menschen zweifellos den Primat zuerkannt haben, allerdings vermittels dualistischer, manchmal sogar mystifizierender Formulierungen. Wenn das nicht gelang, bezog man sich wieder auf die Individualität, was unweigerlich zu objektivistisch-naturalistischen Konsequenzen führte. Erst bei Kierkegaard erfolgte eine ausdrückliche Berufung auf die Person, freilich in jenem theologischen und Glaubenshorizont, in dem sich sein Denken entfaltet und der abermals auf eine objektive „Rationalität“ verweist. Mag diese auch von jener logisch-analytischen verschieden sein, so schleppt sie doch ein transzendentes Gesetz und eine universale Ordnung mit sich. Gleichwohl lässt sich bei Kierkegaard eine mögliche Revolte des Einzelnen gegen das Ganze, des Nicht-Rationalen gegen das Rationale, der Möglichkeit gegen die Notwendigkeit absehen. Und genau dadurch hat er den Weg für jenen ausdrücklichen Primat der Person vorgezeichnet, der seither alle personalistischen Theorien von Grund auf kennzeichnet und kennzeichnen muss.

Aber kehren wir zurück zu der Frage: *Wer ist die Person, wie ist* sie beschaffen? Dass sie in der Lage ist, *Ich* zu sagen, also das Subjekt ihres Redens, Mitteilens und Kommunizierens und auch des diesem zugrundeliegenden Denkens sein kann, das erscheint jedem Zweifel enthoben. Aber mit dieser Feststellung rücken wir ihre erkenntnistheoretische Dimension in den Vordergrund. Ist da nichts anderes? Geht dem nicht etwas anderes voraus?

Wenn man diese Frage stellt, die einen ganzen Horizont von Problemen aufreißt, dann darf man nicht eine endgültige Antwort erwarten, wenn diese nicht stark vereinfachen und sich vielleicht gar in tautologischen Aussagen ergehen soll. Man darf vor allem die vielfältigen kulturellen, aber auch soziopolitischen und pädagogischen Faktoren nicht vernachlässigen, die beim Aufbau einer „Theorie der Person" mehr oder weniger unmittelbar einwirken. Ein bestimmtes Wissen, aber auch jede theoretische oder praktische Tätigkeit des Menschen entsteht nicht aus dem Nichts heraus und erwächst nicht einer Erfindungsgabe, der nichts vorausginge und die nichts vor sich hätte. Alle menschlichen Hervorbringungen, um welche immer es sich handeln mag, sind stets, wenn auch mit unterschiedlicher Intensität, historisch bedingt und historisierbar; das will vor allem besagen, sie trügen immer ein historisches Datum, auch wenn es einigen der besonders wertvollen Hervorbringungen gelingen mag, den Wechsel der Generationen zu überdauern und sich der Tradition einzuverleiben; das gilt für kulturelle Schöpfungen ebenso wie für politische Ereignisse und Taten. Der Bezug des Menschen zu seiner Geschichte ist eng, und der Mensch kann sich ihm nicht entziehen. Das darf uns freilich nicht dazu verleiten, der Geschichte als den RES GESTAE (den konkreten Geschehnissen) eine bereits vorgefertigte Geschichtsschreibung unterlegen zu wollen, die uns dann zugleich eine ganz bestimmte Deutung der Geschichte auferlegen würde. Etwas anderes ist es, den Menschen und sein Schaffen in einen geschichtlichen Kontext zu stellen, also zu historisieren; etwas anderes, einen Historismus zu behaupten, wie ihn vor allem Hegel und seine Nachfolger vertreten haben.

Das Gesagte gilt auch für die philosophischen Lehren und Theorien; und auch über die wissenschaftlichen Theorien müsste dasselbe gesagt werden. Sie scheinen sich auf den ersten Blick in einem Bereich der reinen Logik und Theorie und damit auf einem ahistorischen Feld zu bewegen; sie scheinen überzeitliche „Wahrheiten" zu suchen und zu erforschen. Auf den zweiten Blick erweisen sie sich jedoch als Schöpfungen und Hervorbringungen von Denkern, die der Kultur ihrer Zeit verhaftet sind und in ihrer Umgebung bestimmte Probleme – diese und keine anderen – vorfinden. Als Theorien konkurrieren sie mit anderen Theorien, sie bedürfen der Kritik und der hermeneutischen Auslegung, und sie bringen Auswirkungen auch auf der praktischen Ebene hervor. Schon die allereinfachste historische Besinnung lässt uns Vorläufer und Entwicklungslinien erkennen (Platonismus, Aristotelismus, Materialismus etc.), und sie zeigt uns die Gründe auf, warum diese oder jene Theorie dann und wann einer kritischen Revision unterzogen worden ist.

An dieser Stelle wäre es freilich notwendig, das Problem von Theorie und Praxis wie auch das analoge Problem von Philosophie und Leben (Geschichte) einer ausführlicheren und genaueren Untersuchung zu unterziehen.

Warum erinnern wir hier an diese Gedanken und Ideen? Der Grund ist ganz einfach: weil keine einzige personalistische Theorie und übrigens auch keine andere Theorie, die eine Untersuchung *der* und *über die* Wirklichkeit zu sein beansprucht, sich hätte herausbilden können, ohne dass man sich der grundlegenden Krise bewusst geworden wäre, in die alle objektivistisch-rationalistischen Philosophien, seien es solche streng logischen oder seien es solche streng empirischen Typs, geraten sind. Wir haben sogar eine ausgesprochene Gegenbewegung vor uns: Die Person ist nämlich nicht das Ergebnis empirischer Assoziationen, wie man von einer psychologischen und positivistisch-materialistischen Perspektive her gerne annehmen möchte. Sie ist auch keine TABULA RASA, auf welcher die (sinnliche) Erfahrung ihre Daten einzutragen hätte. Genauso wenig ist die Person angeboren, wenn man das im Sinne einer platonischen bzw. sokratisch-platonischen Wiedererinnerungslehre verstehen wollte, so dass die Maieutik und/oder die Wiedererinnerung bestätigen würden, wie peripher und wie zufällig die Erfahrung ist, um jene Wahrheit zu erklären, die immer schon in uns ist. Die gleichen Vorbehalte sind aber auch gegen alle anderen Innativismen[98] vorzubringen, handele es sich um solche, die unter dem Schlagwort des Humanismus kursieren, oder um solche, die von einer idealistischen Selbsthervorbringung oder gar von einer Selbstschöpfung im Sinne Giovanni Gentiles ausgehen. Was den nachcartesianischen Okkasionalismus[99] eines Leibniz oder Spinoza betrifft, so wurde schon oben gesagt, dass man dort im strengen Sinne von der Person nicht einmal reden kann. Mehr Aufmerksamkeit scheint dagegen eine Bewegung zu verdienen, die sich im 15. und 16. Jahrhundert zwischen Metaphysik und Wissenschaft schob, das Verhältnis von Makro- und Mikrokosmos in den Vordergrund rückte und den Menschen in das Zentrum der Welt stellte, wobei sie ihn gleichzeitig zum Entdecker und damit in gewisser Weise zum ersten Akteur der Gesetze der Wirklichkeit erklärte. Aber auch dort werden strenge und unverrückbare mathematische Gesetze auf die physische Welt

---

[98] Innativismus: Die Lehre, alles sei an- bzw. eingeboren. [Anm. d. Übers.]

[99] Okkasionalismus: Die Lehre, alles sei rein zufällig. [Anm. d. Übers.]

angewandt und verhindern, dass der Mensch wirklich *Prinzip* von Welt wird, aus dem alles andere hervorgeht. Die in der Renaissance aufkommende Hypothese von der Unendlichkeit möglicher Welten lässt den Gedanken an die prinzipielle Vorrangigkeit des Menschen aufscheinen, aber zu diesem historischen Zeitpunkt sieht sich der Mensch noch immer in die Maschen eines Netzes verfangen, das aus einer NATURA NATURANS (einer naturierenden Natur) und einer NATURA NATURATA (einer naturierten Natur) geknüpft ist.

6. Ordnung und Norm

Wir haben uns hier Theorien und Doktrinen ganz unterschiedlicher Art vergegenwärtigt, und dennoch ist ihnen allen ein Grundgedanke gemeinsam: das *Prinzip* ist kosmisch oder kosmisch-theologisch, es ist objektiv, rational, eine ORDO ORDONANS (eine ordnende Ordnung). Der Mensch als NATURA NATURATA kann nicht anders, als sich diesem Prinzip unterzuordnen oder sich dieser Ordnung zu fügen. Jede auf solche „Disziplinierung" ausgehende Pädagogik legt dafür Zeugnis ab – Disziplinierung dabei in einem objektiven und nicht in einem subjektiven Sinne verstanden –, und bis an die Schwelle zum 20. Jahrhundert hat sich die Erziehung schwerlich anders verstanden denn als eine solche Disziplinierung. Der tiefste Grund dafür ist vermutlich darin zu sehen, das man den Menschen über Jahrhunderte hinweg als ANIMAL RATIONALE (ein mit Vernunft begabtes Tier) definiert hat und in ihm praktisch – aufgrund der klassischen Beziehung zwischen Politik und Philosophie – ein politisches Tier (ANIMAL POLITICUM) gesehen hat. Aus der ORDO ORDINANS herauszutreten, hätte bedeutet, eine NATURA NATURANS zu leugnen und damit den konstitutiven und engen Bezug zwischen NATURA NATURANS und NATURA NATURATA aufzulösen.

Es ist gut, wenn wir nicht aus dem Auge verlieren, dass diese Ordnung der Wirklichkeit bzw. diese wirkliche Ordnung sich nicht nur auf das Sein, sondern auch auf das *Sollen* erstreckte und auch dort als unwandelbar galt und keinen Widerspruch duldete. Von daher rührte eine Praxis, die auf das engste von diesen Prinzipien bestimmt wurde, und eine Erziehung – nannte man sie gleich eine Erziehung der Person –, die gar nicht anders verstanden werden konnte denn als das Nachgehen eines genau vorgezeichneten und vorgeschriebenen Weges. Die Ordnung der Wirklichkeit war Norm, Gesetz und Regel für das menschliche Leben, und sie konnte deshalb eine Disziplin auferlegen, die keine andere Wahl zuließ, als sich streng an jene Prinzipien zu halten. Die Freiheit, die man dem Menschen zu keiner Zeit rauben wollte, wurde auf die Fähigkeit eingeschränkt, sich der Norm anzugleichen, d. h. von allem freizuwerden, was dem Prinzip (dem Guten) widersprach (das Böse). Die Übereinstimmung zwischen der menschlichen Vernunft und der Vernünftigkeit des Wirklichen wurde so zum Kriterium für das menschliche Handeln und zur Maßgabe für die Erziehung. Damit diese einen Sinn gewinnen konnte, musste sie sich als eine *Befreiung von* verstehen, also notwendig einen dualistischen Standpunkt einnehmen, der zwar nicht immer deutlich zum Vorschein kam, aber sowohl in der Theorie als auch in der Praxis der Erziehung stets gegenwärtig war.

Vom Dualismus zwischen Leib und Seele, wie er in den antiken Religionen vorkommt und in der Pädagogik der klassischen Antike auf den Begriff gebracht wird, bis hin zu jener kontemplativen Weltenthaltsamkeit der christlichen Theologie, ja bis zur Befreiung vom Los der Sterblichkeit in einer Lebensgemeinschaft mit den Heiligen; von der Abtötung der Leidenschaften kraft des Geistes und kraft der disziplinierenden Macht der Ratio (wie sie Descartes und Spinoza verkünden) bis hin zum ethischen Rigorismus Kants, der sogar den Gedanken an ein bloß „Sollensgemäßes“ verwirft, weil er befürchtet, er könne damit das geringste Zugeständnis an die menschliche Natur machen. Es handelt sich um eine Aufeinanderfolge von Ideen und um eine daraus erwachsende Erziehungstradition, die den Menschen zwar immer auch als den Protagonisten seines eigenen Geschicks ansah, ihn in Wirklichkeit aber nur als jenes MIKRO in Betracht zog, das sich an einem MAKRO zu orientieren und auszurichten hatte. Diese Perspektive herrscht auch im Deutschen Idealismus des 19. Jahrhunderts, von Fichte bis Hegel, vor, aber selbst bei Pestalozzi, Fröbel und Schleiermacher finden wir ihre Spuren. Es trifft natürlich zu, dass der Idealismus der Romantik den Schwerpunkt nachdrücklich auf die Subjektivität des Geistes und nicht mehr auf die Objektivität einer kosmischen Vernunftordnung gelegt hat, aber diese Subjektivität betraf wiederum die Universalität und die Totalität des Weltgeistes, demgegenüber der einzelne Mensch und die menschliche Person nichts anderes als ein bildhafter Widerschein oder ein symbolisches Zeugnis sein konnte.

7. „Ich bin"

Das bestätigt sich auf einer im engeren Sinne theoretischen (oder mehr noch metaphysischen) Ebene, als sich – nach Hegel – unabweisbar das Problem stellt, das Verhältnis zwischen dem konkreten Ich und dem absoluten oder transzendentalen Ich zu klären und, was damit eng zusammenhängt, die menschliche *Erfahrung* in allen ihren Aspekten und das *existentielle Erleben* zu erklären, ohne sie länger hinter der Vernünftigkeit des Wirklichen verschwinden zu lassen. Indem sie die Abhängigkeit des Menschen von jener „totalisierenden" Ordnung radikal bestreiten, bereiten Kierkegaard und Nietzsche auf je eigene Weise die volle Anerkennung der Person vor, die sich einerseits nicht mehr aufgeben muss, um sich in Gott wiederzufinden, und andererseits die eigene individuelle Natur überschreiten muss, um ein singulärer Mensch werden zu können. Wir stoßen hier auf zwei Schlüsselgedanken für das Verständnis des Personalismus, beide gleichermaßen bedeutsam, insofern zum einen am Wert der Glaubenshaltung festgehalten wird und zum anderen die Grenzen des Menschen bis zu einem Punkt hinausgedehnt werden, an dem jede Fessel, die den menschlichen Willen an eine objektive Ordnung bindet, zerreißt. Es erscheint nicht unwichtig, dass von beiden Seiten her radikale Kritik an einer „reinen Rationalität" geübt worden ist (freilich von unterschiedlichen Beweggründen aus), welche für völlig untauglich dafür angesehen wird, eine plausible Erklärung der menschlichen Lebenswirklichkeit geben zu können. Es stellt sich dabei allerdings die entscheidende Frage, ob die Zurückweisung einer puren Rationalität unbedingt zu einer Überbewertung des Irrationalen führen muss, sei es des Glaubens und/oder sei es des Willens, beide gleichermaßen blind, wenn nicht gar „absurd". In diesem Falle würde man den Konsequenzen des Solipsismus nicht entgehen können. Ist aber nicht ein anderes Vorgehen denkbar, das ein gemeinsames Erörtern und eine intersubjektive Verständigung nicht nur nicht ausschließt, sondern ausdrücklich erfordert? Um es mit einem Wort zu sagen: Kann man der Alternative zwischen einer objektiven Rationalität einerseits und einem subjektiv-individualistischen Irrationalismus andererseits entgehen, ohne dass das Subjekt neuerdings verschwindet und bloß zu einem modalen bzw. monadologischen Splitter wird, dem jede Kommunikation und jedes über sich Hinaustreten verwehrt bliebe?

Eine *Theorie der Person* erhebt den Anspruch, eine positive Antwort auf diese Frage geben zu können, indem sie sowohl über den transzendentalen (oder transzendenten) Charakter einer objektiven Rationalität als auch über die bloße Konstatierung der individualistisch-solipsistischen Selbstverschlossenheit des Ich (das vollkommen irrational und damit inkommunikabel wäre) hinausgelangt.

Halten wir noch einmal fest: Es ist die Erfahrung, genauer die Erfahrung meiner selbst, die es gestattet, dass ich *Ich* zu mir sage. Aber zwingt uns das dann nicht zu der Annahme, dass das Sein nur ein Produkt und ein Ergebnis des Denkens (des Erkennens) ist? Wenn man diesen Schluss zöge, so täte man es unserer Meinung nach aufgrund eines Missverständnisses, das darin bestünde, dass man den Begriff der Erfahrung unzulässig überdehnt, indem man nicht mehr scharf zwischen der Erfahrung seiner selbst und der Erfahrung unterscheidet, die man von anderem macht. Vergessen wir nicht, was uns die Logik des Empirismus systematisch und historisch lehrt: Wenn man sich mit rigoroser Strenge auf der Ebene der Erfahrung bewegt, dann kann das in logischer Folgerichtigkeit nur zur *Idee* im phänomenologischen Sinne Berkeleys oder (auch) zu einer Reduktion aller Erfahrung auf rein subjektive und sekundäre Empfindungen führen. Das bedeutet dann in der Tat die Abhängigkeit der Wirklichkeit vom Ich als bloßem Gefühl. Angesichts der Erfahrung, die man mit anderem macht, kann man sich fragen, ob es sich dabei um etwas Wirkliches oder um etwas Gedachtes handelt. Wenn es aber um die Erfahrung meiner selbst geht, dann lenkt mich diese unmittelbar und ausdrücklich auf mich selbst zurück, und das Gefühl, das ich dabei empfinde, heißt nichts anderes als zu fühlen, dass ich es bin, der erkennt und wertet. Das will besagen, dass im Falle der inneren Erfahrung der Inhalt meiner Erfahrung nicht ein beliebig Gefühltes ist, sondern ein Fühlen, das mich unausweichlich das Sein des fühlenden *Ichs* anerkennen lässt. Nicht schon kann es heißen: ich fühle, also ich bin; wohl aber ist der Inhalt des Fühlens in der gleichen Form wie mein Fühlen: ich *bin* fühlend, ich fühle *mich.* Nur in einem zweiten, und zwar logischem Schritt ist es möglich, eine Unterscheidung und damit eine Analyse der Inhalte meiner inneren Erfahrung vorzunehmen, indem ich sie mit der Form des Ich konfrontiere, das seinerseits statisch bleibt, nicht zu einer Substanz wird, aber auch nicht ein bloßes Gefäß dieser Inhalte darstellt, sondern den Bezugspunkt sowohl des Fühlens als auch des Erfahrens. Es ist das *Ich bin,* welches zu sagen vermag: *ich fühle* (ich erfahre) dieses oder jenes, und auf diese Weise artikuliert und verändert es sich im Bezug auf seine gemachten Erfahrungen und auf deren unterschiedliche Modalitäten.

Die Grundgegebenheit, von der wir also anfänglich sprechen können, ist das *Ich bin,* und zwar als Subjekt aller meiner (möglichen) konkreten und wirklichen Erfahrungen. Es handelt sich dabei um ein *Ich,* das, insoweit es tatsächlich seine Erfahrungen lebt und erlebt, wirklich existiert. Das heißt, dass es in der konkreten Welt der Geschichte und in der raumzeitlich wahrgenommenen Wirklichkeit *ist.* Das freilich schließt nicht zwangsläufig die Annahme ein, das Ich gehe völlig in seiner Raum-Zeitlichkeit auf und sei daher reine Existentialität.

Kehren wir also zu unserer Frage zurück. Die Beziehung zwischen Erkennen (Denken) und Sein ist eine dynamische, und sie drängt uns dazu, den Gedanken der Transzendenz zu fassen, d. h. von der Vorrangigkeit des Seins gegenüber dem Erkennen (der Erfahrung) auszugehen: *Meine* Person ist ein *Ich.* Dieser Gedanke geht dabei nicht nur auf die empirische und logische Wahrnehmung dessen zurück, dass eine jede Gegebenheit, ein jedes „Datum" im Hinblick auf andere Gegebenheiten und Daten hinausgeht; dieser Gedanke gründet vor allem im *Sein* des *Ich – ich bin –,* das allein ein Erkennen und ein Weitergehen plausibel macht.

Dieses Ich lebt in der Geschichte, aber es kann selbst nicht als ein Ergebnis der Geschichte betrachtet werden. Wenn es sich so verhielte, verfiele man von neuem in einen mehr oder weniger deterministischen Historizismus, und man befände sich wiederum auf der Ebene jener Objektivität und jenes Unpersonalen, dem die Person gerade zu entreißen ist. Dies sei unbeschadet jener bereits erwähnten Problematik in Hinblick auf das Verhältnis von Geschichte (RES GESTAE) und Geschichtsschreibung (HISTORIA RERUM GESTARUM) gesagt; die Geschichtsschreibung beruht immer auf einer Theorie und ist daher stets Interpretation und, wenn man so will, *Hermeneutik.* In dem Augenblick freilich, in dem man erkennt, dass die Person – *meine* Person – zwar in der Geschichte lebt, aber sich nicht in ihr erschöpft, muss man ihr eine Würde und einen Wert zusprechen, die ohne Zweifel metahistorisch sind, also über die geschichtliche Dimension hinausragen.[100]

---

[100] Wenn man dem positivistischen Prinzip des VERUM IPSUM FACTUM Recht gibt, dann hat man sich mit der Passivität und damit der Abhängigkeit des Subjekts abzufinden, das lediglich die Wahrheit anzuerkennen hat, die der Gegenstand – das Faktum – in sich trägt. Dem menschlichen Erkennen kommt dann nur noch das Widerspiegeln des Gegebenen zu. Dieselbe Formulierung findet man, freilich in einer anderen Perspektive, auch bei Giambattista Vico: Die Wahrheit wird in dem Augenblick gefunden, in dem ein Gegebenes, ein Datum, dadurch Sinn gewinnt, dass es in den Lernvorgang der menschlichen Phantasie eingeordnet wird. Nicht der Blitz wird

8. Identität des Ich

Reichen die bisherigen Überlegungen aus, um zu gewährleisten, dass sich in unseren Begriff der *Person* keine metaphysischen (oder pseudometaphysischen) Annahmen einschleichen, solche also, die nicht von jener Erfahrung abgeleitet werden können, von der wir stets ausgehen wollen? Diese Frage verlangt in der Tat nach einer klärenden Antwort, und zwar nicht nur deshalb, weil wir alle möglichen Missverständnisse vermeiden wollen, sondern mehr noch, weil uns die syntaktische (und damit die logische) Richtigkeit unseres Diskurses sehr am Herzen liegt. Denn wenn auch zutrifft, dass sich die Person der Argumentation und nicht (nur) eines analytisch beweisführenden Verfahrens bedient, so ist doch andererseits auch richtig, dass sie nicht gegen die Logik verstoßen und nicht mit sich selbst in Widerspruch geraten kann und darf.

Daher muss mit allem Nachdruck betont werden, dass in dem Augenblick, in dem das *„Ich“* – das *Ich bin* – auf der Ebene des Gegebenen identifiziert und wahrgenommen wird, die *Identität* des Ich festgestellt und abgesichert wird. Identität besagt in erster Linie, dass es für das Ich absurd wäre, etwas anderes als es selbst zu sein. Von hierher rührt die Kategorie der *Einmaligkeit* und die Überzeugung vom Bestand des *Ich* in der wechselhaften Zeit und damit seine Persistenz, seine Dauerhaftigkeit, sein beharrliches Selbstsein, unbeschadet der Vielheit seiner Erfahrungen und der Vielfalt seines (theoretischen und praktischen) Verhaltens. Von hier aus lässt sich dann auch von einem Reifen und von einer Vervollkommnung des Ich in der Zeit reden. Auch dabei handelt es sich wiederum um eine empirische Feststellung: Es ist stets die Erfahrung seiner selbst, die „innere“ Erfahrung, die uns darüber vergewissert, dass das Ich erhalten bleibt und von Bestand ist. Diese Feststellung geht übrigens mit jenen psychologischen Theorien Hand in Hand, die ausdrücklich von der Person als von einer extrem individualisierten Struktur sprechen. Es ist interessant zu beobachten, wie diese Psychologie dazu gelangt, nicht nur die Selbsterhaltung, sondern auch die Selbstverwirklichung des Menschen

---

erkannt, sondern das Numinose, das sich hinter dem Blitz verbirgt und dem Menschen die Möglichkeit gibt, der bloßen Sinneserscheinung des Blitzes einen Sinn zu geben. Auf diese Weise entsteht die menschliche Geschichte, die vom Menschen gemacht wird; in ihr und durch sie erhalten die Ereignisse Sinn. Durch diese Sinngebung wird die bloße Gewissheit zur Wahrheit und das bloße Ereignis zur Geschichte.

als die Aktuierung eines Ich zu begreifen, so dass es „keine zwei gleiche und identische Ichs" geben kann.

Abraham H. Maslow, dem diese Erkenntnis besonders zu verdanken ist, vertritt darüber hinaus den Standpunkt, das Wertesystem einer jeden sich selbst verwirklichenden Person sei etwas ganz und gar Unwiederholbares und drücke eine „einmalige Charakterstruktur" aus. Maslow versichert, seine Versuchspersonen seien in einem bemerkenswerten Ausmaß individualisiert gewesen; außerdem seien sie unfehlbar sie selbst und unverwechselbar mit anderen gewesen. Was uns an Maslow und an der von ihm maßgeblich mitgestalteten Humanistischen Psychologie in erster Linie auffallen muss, ist ein Dreifaches:

Erstens wird hier von der Psychologie auf empirische Weise die Selbstverwirklichung des Menschen untersucht; *zweitens* wird ausdrücklich Bezug genommen auf das Wertesystem der Person; *drittens* wird der Akzent auf die Selbstverwirklichung und damit auf die Dynamik der Person gelegt, und von daher ergibt sich fast zwangsläufig ein Übergang von der psychologischen Fragestellung zum pädagogischen Problem der Erziehung und Bildung des Menschen (der Person). Hier wird deutlich, dass es sich bei der „Person" offenbar nicht nur um ein philosophisches Konstrukt handelt, sondern auch um einen legitimen Gegenstand der Psychologie oder zumindest einer psychologischen Theorie. Diese gestattet, die Person in ihrem ganzheitlichen Sein zu sehen und damit über all jene Dualismen hinauszugehen, an denen sich die Diskussion fast ein Jahrhundert lang festgebissen hatte. Maslow fasst seine Theorie sogar so zusammen, dass in den „gesunden Personen" alle Dualismen überwunden seien, alle Polaritäten verschwänden und sich eine fundamentale Einheit einstellte. Die alte Entgegensetzung von Herz und Kopf, von Instinkt und Vernunft, von Erkenntnis und Gefühl werde hinfällig, denn alle diese antagonistischen Elemente verwandelten sich in synergetische.[101] Es liegt auf der Hand, dass Maslows Begriff der Gesundheit einen ganz bestimmten Gleichgewichts- und Normalzustand bezeichnen will, der jenem Sollen, Können und Sein der Person sehr nahekommt, die, sofern sie „gesund" ist, eine vollkommene Verwirklichung ihrer selbst zu leisten vermag, während diejenigen Personen, die Maslow als mediokre bezeichnet, einer solchen *Selbstverwirklichung* nicht fähig sind.

Der Rückgriff auf die dynamisch-humanistische Psychologie Maslows erscheint hier gerechtfertigt, weil auch dieser Autor seine Theo-

---

[101] Vgl. dazu Abraham H. Maslow: Motivation and Personality, New York 1954, dt. Motivation und Persönlichkeit, Olten 1977.

rie auf eine empirische d. h. auf eine Erfahrungsgrundlage stellt und sich damit auf ein Gegebenes bezieht, das auch für unseren Diskurs als Ausgangspunkt dient. Maslow bewegt sich also wie wir fernab aller Apriorismen theoretischer oder ideologischer Art. Darüber hinaus aber ist noch folgendes zu bedenken. Auch wenn dieses Gegebene empirisch-analytisch zergliedert wird, geht jene Geschlossenheit nicht verloren, die sich uns als die Einheit der Person und als ihre Einmaligkeit, Einzigartigkeit und Unwiederholbarkeit dargestellt hat. Jede Verallgemeinerung – auch die „gesunde Person" Maslows – hat eine vorwiegend praktische Bedeutung; es geht nicht darum, abstrakte Begriffe oder Gesetze aufzustellen. Das bestätigt auch Maslow, wenn er seine fein säuberlich artikulierte „Phänomenologie" der gesunden Person vorträgt, und zwar anhand individueller Porträts.

9. Person als Entwurf

Aus dem bisher Gesagten geht recht deutlich hervor, wie sich aus unserem Ausgangsdatum die *Kategorien der Person* ergeben: ihre Einmaligkeit, ihre Unwiederholbarkeit, das Über-sich-Hinausgehen und damit ihre Offenheit. Diese Offenheit meint den Bezug der Person zu sich selbst, zu den anderen, zur Welt und zu Gott (dem Absoluten), und zwar sowohl auf der logisch-erkenntnistheoretischen als auch auf der ontisch-praktischen Ebene.

Wir können uns in dieser Schrift nicht mit einer phänomenologischen oder mit einer historisch-existentiellen Darstellung der Person begnügen. Unser Interesse gilt viel stärker der Frage, in welchem Maße konstitutiv für die Person ihre Selbstverwirklichung d. h. das *Sich-selbst-Hervorbringen* und das *Sich-selbst-Entwerfen* ist, jene Aktivität also, bei der sich die Geschichte der Person nicht nur in ihrer „Gegenwart" verkörpert, sondern auf ihre „Zukunft" hin erstreckt: als Lebens- und damit (auch) als *Erziehungsentwurf.* Es lässt sich sogar sagen: Diese Fähigkeit, sich selbst zu entwerfen (was gleichbedeutend ist mit Veränderung und Innovation) kennzeichnet die Person in einer Weise, die sie von allen anderen Lebewesen deutlich unterscheidet, denen es allesamt verwehrt ist, sich ihre eigene Zukunft innovativ selber entwerfen zu können. Es braucht eigentlich gar nicht eigens erwähnt zu werden, dass dieser Entwurf nicht die Notwendigkeit enthält, sondern allein die Möglichkeit einer Erneuerung, d. h. einer Veränderung gegenüber dem Vergangenen und dem Gegebenen. Hier ist offenbar nicht vom Menschen als Gattungswesen und von der menschlichen Natur im Allgemeinen die Rede, sondern vom einzelnen Menschen, der ein jeweils unterschiedliches Verhältnis zu seiner Vergangenheit und zu den anderen Menschen gewinnen und einnehmen kann. Diese Fähigkeit zum Entwurf konfrontiert den einzelnen – seinen Entwurf – nicht nur mit der Absicht, ihn auch zu verwirklichen, sondern auch mit der konkret realen Möglichkeit, *sich selber zu verändern.* Ohne diese Möglichkeit wäre der Entwurf dazu verdammt, bloße Utopie oder (was das gleiche ist) ein rein Gedachtes und damit nur „Idee" zu bleiben, und er könnte gar nicht als eine mögliche Praxis angesehen werden. Die geschichtlich existentielle Wirklichkeit der Person zwingt dazu, sich auf die jeweils konkrete Möglichkeit zu besinnen und die tatsächlichen Bedingungen für ihre Verwirklichung im Auge zu behalten. Das gilt es vor allem gegenüber jener Forderung nach einer reinen Sittlichkeit zu betonen, wie sie beispielsweise der Kantianismus erhoben hat. Auch dort, wo allein das „Du sollst" zum Prinzip des menschlichen Handelns erklärt wird, bleibt seine tatsächliche Verwirklichung, genauer: das Maß seiner Realisierung unleugbar an die Möglichkeiten gebunden, welche die konkrete geschichtlich-existentielle Situation jeder einzelnen Person bereitstellt.

10. Erziehung als Wagnis

Diese Berufung auf das *Mögliche* ist vor allem dann unumgänglich, wenn man den Diskurs über die Person von einer *pädagogischen* Perspektive her führt. In einem solchen Kontext nimmt der Begriff der Möglichkeit eine doppelte Bedeutung an. Man spricht zum einen von Möglichkeit (oder von pädagogisch-erzieherischen Möglichkeiten) in dem Sinne, dass sich ein Lebensentwurf bzw. ein Erziehungsentwurf auf die Zukunft richtet und von der Vergangenheit abhebt (und so eine „abgespeicherte" Erfahrung hinterlässt). Damit ist er an die Fähigkeit zur *Erneuerung* und an jene zur *Kritik* wie auch zu wirklicher Veränderung *(Kreativität)* gebunden. Die Theorien, die einem objektivistischen Rationalismus verhaftet bleiben, können gar nicht anders als eine derartige Fähigkeit zur Erneuerung abzulehnen und jedweden Entwurfscharakter der Erziehung in Abrede zu stellen. Die Möglichkeit zur Veränderung ist aber auch (und das ist die zweite Bedeutung) an die konkreten *existentiellen Bedingungen* des einzelnen gebunden. Man kann also sagen: Ein rein ideeller Entwurf wird in dem Maße Wirklichkeit, in dem die gegebenen Bedingungen (= Möglichkeiten) angemessen, passend, günstig und förderlich sind. Das, was wir als Möglichkeit bezeichnen, ist also auf der einen Seite die unbestimmte und theoretisch unbestimmbare Zukunft; auf der anderen Seite ist es das, was sich in einer gegebenen Situation als realisierbar erweist. Als solches aber gehört es konstitutiv zum Begriff der Erziehung, die immer Praxis ist, nicht nur ein rein intellektuelles Programm und auch nicht nur ein allgemeiner ethischer Anspruch. Das, was möglich ist, ist ebenso offenbar an das gebunden, was wir als den pädagogisch-erzieherischen Akt (oder als eine erzieherische Tatsache) bezeichnen.

Selbst wenn die Pädagogik als Theorie ihren Diskurs nur auf problematische Weise oder gar nur in Form von Antinomien artikulieren könnte, wäre die Erziehung als Praxis immer erst dann zugegen, wenn eine Wahl getroffen oder eine Entscheidung gefällt wurde. Diese Wahlen und Entscheidungen schlagen sich im erzieherischen Handeln nieder (das freilich nicht unbesehen und umstandslos mit seinem Ergebnis gleichgesetzt werden darf). Gerade deshalb geschieht es so oft, dass man sich einer Vielzahl von Möglichkeiten (verschiedenen möglichen Zielen, aber ebenso verschiedenen möglichen Mitteln und Verfahrensweisen) gegenübersieht, welche die Wahl und Entscheidung extrem schwer und sehr verantwortungsvoll machen. Da die Zukunft keine absolute Sicherheit kennt und kein Sicherheitskriterium anzubieten vermag, stehen wir vor einem *Wagnis* und *Risiko;* zum einen, weil es geschehen kann, dass man aufgrund von Ignoranz, von ideologischer Verblendung oder einfach von individuellem Versagen nicht die „beste“ Möglichkeit wählen will oder kann, und zum anderen, weil auch dann, wenn man sich für die vermeintlich beste aller Möglichkeiten entschieden hat, noch keineswegs sicher ist, dass auch der Ausgang und das Ergebnis auf das beste gelingen werden. Man hat nicht einmal die Gewissheit, dass der Ausgang wenigstens der bei der Wahl maßgeblichen Absicht entsprechen wird. Es ist also eine doppelte „Abweichung“ in Rechnung zu stellen: einmal kann man bei der Entscheidung für die beste Möglichkeit irren, ein andermal können die existentiellen Bedingungen dazu führen, dass auch bei der besten Entscheidung der bestmögliche Ausgang verfehlt wird. Es gibt sogar noch eine dritte Fehlerquelle. Diese ruht in der Zustimmung des EDUCANDUS, denn dieser *kann (*auch darin liegt eine Möglichkeit!) der getroffenen Wahl und Entscheidung *zustimmen,* er kann sie aber genauso gut *zurückweisen* und in eine andere Richtung streben bzw. „abweichen“. Erziehung konstituiert sich stets als eine Beziehung zwischen Zweien (Erzieher und EDUCANDUS), seien diese nun Einzelpersonen oder Gruppen. Ganz allgemein gesprochen, kann man auch sagen, Erziehung konstituiere sich als Beziehung zwischen Umwelt und EDUCANDUS.

11. Erzieher und EDUCANDUS

Als ich an anderer Stelle dieses Thema ausführlicher vertiefen konnte,[102] habe ich in aller Breite darzustellen versucht, dass in diesem Verhältnis der *Primat* stets dem EDUCANDUS gebührt. Dieser ist der wahre und in gewissem Sinne der einzige Protagonist. Auch die hier angestellten Überlegungen, vor allem jene zu den drei möglichen „Abweichungen“, haben die Erkenntnis bestärkt, dass sich die Erziehung immer auf den EDUCANDUS stützen muss; damit sollen nicht etwa die Intention des Erziehers und sein Erziehungsentwurf abgeschwächt oder gar abgewertet werden, sondern diese Aussage zieht nur ins Kalkül, dass die Erziehung sich generell nicht aufdrängen und nicht aufzwingen kann und dass der Erziehungsentwurf vom Erzieher auf den EDUCANDUS übergeht, indem der Erzieher um Zustimmung wirbt und der EDUCANDUS Zustimmung gewährt. Das heißt nicht mehr und nicht weniger, als dass ein (gemeinsamer) Erziehungsentwurf vonnöten ist, welcher angenommen, gewollt und durch eine Entscheidung des EDUCANDUS zu seinem eigenen Entwurf gemacht wird, wobei sich dieser (quasi durch seinen „Beitritt“ zu dem Entwurf) zum wahren Protagonisten der Erziehung macht.

Historisch gesehen kommt man freilich um die Feststellung nicht herum, dass das erzieherische Verhältnis, meistens jedenfalls, nur in einer Richtung verlaufen ist: vom Erzieher *zum* EDUCANDUS und häufig genug vermittels einer disziplinierenden Praxis, die sich ihrerseits

[102] Vgl. mein Buch: Preliminari di una fondazione del discorso pedagogico (Vorüberlegungen zu einer Begründung des pädagogischen Diskurses), Padua 1972.

auf eine autoritäre und in hohem Maße rationale und damit objektivistische Einstellung gründete (dabei hatte die Anpassung an die vorgeschriebene Norm oft auch didaktisch für den Erfolg dieser Erziehung zu garantieren). Aber auch für die umgekehrte Richtung gibt es genügend historische Beispiele: *vom* EDUCANDUS zum Erzieher, häufig mit einer vorwiegend psychologischen Begründung, die den Sinn der Erziehung in der Befriedigung der Bedürfnisse und Interessen des EDUCANDUS sieht und das Erziehungsgeschäft mehr als eine gärtnerische Betreuung ansieht, die den EDUCANDUS hegt und pflegt, damit das Bergwerk seiner Anlagen auch gehörig ausgebeutet werden kann.

Natürlich hat es auch nicht an Versuchen gefehlt, einen Kompromiss oder wenigstens einen möglichst harmonischen Ausgleich herbeizuführen; ein solcher ist immer dann in Sicht, wenn Erzieher und EDUCANDUS als solche nur identifiziert und bestimmt werden aufgrund einer Beziehung, die sie eint und miteinander verbindet. Ein solches Verständnis hat der italienische Neoidealismus anbahnen wollen, indem er die empirische Dualität zwischen Erzieher und EDUCANDUS in ihre geistige Einheit aufzulösen versuchte, wobei sich als logische Konsequenz nicht nur ein Konsens, sondern die völlige Identität beider ergab[103]. Auf diese Weise kann man aber *pädagogisch* das erzieherische Verhältnis nicht fassen. Dieses ist am Anfang immer Entgegnung oder auch Konfrontation, denn es begegnen sich zwei, die nicht nur voneinander unterscheidbar, sondern auch verschieden voneinander sind, und zwar verschieden hinsichtlich ihrer Rollen, verschieden aber auch dadurch, dass sie zwei „einzelne" Menschen sind. Dabei handelt es sich um eine konstitutive Verschiedenheit, die auch jedes erzieherische Verhältnis verschieden macht, so dass eines nie dem anderen gleicht. Hier entspringt die Notwendigkeit des *Dialogs,* der seinerseits wieder nach Argumentation und Überzeugung verlangt, und führt zu einem Vorgehen, das aus den Elementen des Überschreitens (Überschreiten des HIC ET NUNC und der Entgegnung *ja oder nein)* und der Erneuerung gebaut ist. Dieses Vorgehen meint ein „Transzendieren", ein Überschreiten und niemals eine bloße Synthese, weder eine solche von Gegensätzen (sonst verfiele man von neuem in eine objektivistische Rationalität) noch eine von Verschiedenheiten (diese müssten notwendigerweise rationalisierbar sein). Es ist die Verschiedenheit in ihrer Einzigartigkeit und Einmaligkeit, welche das

---

[103] Vgl. dazu vor allem Giovanni Gentile: Sommario di Pedagogia come scienza filofica, Florenz [5]1970; dt. (auszugsweise) u.d.T. Philosophie und Pädagogik, übers. und hrsg. v. K. G. Fischer, Paderborn 1970.

Überschreiten herausfordert, und zwar in einem Entwurf, der sich didaktisch in Einzelschritte aufgliedert und axiologisch in Form von Idealen und Zielen (möglichen und wünschenswerten) darbietet. *Auf diese Weise bildet sich die Person:* sie richtet sich an ihnen aus, und – mit einem Wort – *sie erzieht sich.* Es ist letztlich das Erzieherische, das die Person aufbaut und definiert, und zwar kraft der herausragenden Vorrangigkeit ihres eigenen Ich. Die Person besitzt sich niemals ganz; sie ist deshalb immer auf dem Weg – HOMO VIATOR (der Mensch als Wanderer) – und unablässig bemüht, sich um ihrer eigenen Vervollkommnung willen immer wieder aufs Neue zu überschreiten.

12. Ziel der Erziehung

Es stellt also keinen Widerspruch dar, wenn man behauptet, die Person sei zugleich *Subjekt* und *Ziel der Erziehung.* Die Erziehung kann deshalb nicht realiter als ein Weg gedacht werden, der zu einem objektiv gegebenen und vorhandenen Ziel führt und Meter für Meter abgeschritten werden müsste; die Erziehung besteht vielmehr in der möglichst umfassenden und möglichst vollständigen *Verwirklichung der Person.* In dieser Selbstverwirklichung der Person liegt der konkrete Wert der Erziehung. Das ist eine ganz fundamentale Feststellung, denn sie bannt die Gefahr, dass der Personalismus abermals in einen Impersonalismus abgleitet. Jegliche Annahme von objektiv gegebenen Werten würde den EDUCANDUS nötigen, sich ihnen anzupassen, sie auf sich zu nehmen und sich zu eigen zu machen. Aber was kann Erziehung zum Guten anderes bedeuten als selber gut zu werden und sich selber besser zu machen? Das ist aber offensichtlich etwas anderes als das Gute zu verwirklichen, sofern dieses als ein objektiv Gegebenes verstanden wird. Falls man hier lieber von einer Um- oder Übersetzung des Guten in die Person reden wollte, würde eine solche Um- oder Übersetzung die Objektivität dieses Guten nicht berühren; man könnte also gar keine wirkliche „Übersetzung“ erreichen, sondern hätte allenfalls von einer bloßen Teilhabe zu sprechen. Hier liegt bekanntlich (ungelöst und unlösbar) das zentrale Problem des platonischen Dualismus.

Wenn man den Schritt von der personalen (individuellen) zur sozialen (und geschichtlichen) Erfahrung tut, dann mag es wohl sein, dass man dort in einem objektiven Sinne von den Werten der Überlieferung, von den Werten der Familie, von den Werten des sittlichen und des politischen Lebens etc. spricht, und zu diesen gesellen sich dann noch die Werte der Gerechtigkeit, der Brüderlichkeit, des Friedens, der Freiheit und so fort. Sollen diese Werte aber in eine Theorie der Erziehung transponiert werden, dann verwandeln sich diese Werte in regulative oder in Leitideen. Mögen diese regulativen Ideen auch konstitutiv für die Erziehung sein, so bleiben sie doch stets nur Orientierungskriterien oder Maßgaben; mit anderen Worten: Sie sind Werte und nicht RES (Sachen), und auch das sind sie nur im Hinblick auf die *Intentionalität* der Erziehung. Das bedeutet: Sie werden als „Instrumente", als „Vorgehensweisen" oder als „Methoden" gewählt, und zwar im Hinblick auf eine Aufwertung und Vervollkommnung der Person, die sie ihrerseits als Ursachen oder als Bedingungen für die eigene Bildung betrachtet. Wenn man pädagogisch von einer gegebenen Objektivität oder von etwas objektiv Gegebenem spricht, so rührt das daher, dass sich diese intentionalen Begriffe unter der Hand in Erziehungsziele und in didaktische Ziele verwandeln und dann notwendigerweise als etwas Objektives erfahren werden, das einer konkreten Person, die immer eine einzelne ist, auferlegt wird. Ideale und Werte wie das Gute, die Gerechtigkeit, die Wahrheit prägen diesen Zielen das Siegel ihrer Positivität auf. Was aber die Realisierbarkeit dieser Ziele anbelangt, bestätigt sich von Neuem die Positivität der Person und ihre Fähigkeit, besser, gerechter, wissender etc. zu werden. Und so sind *Kultur* und *Bildung* (allgemein oder sektorial gesehen) immer als eine Dimension des Menschen zu begreifen und eben gerade nicht als ein „Gepäck", das man auf den Schultern schleppt und das man wie eine Sache vom einen auf den anderen überladen kann.

Mit dem Gesagten wollen wir natürlich nicht verkennen, dass sich – historisch gesehen – durchaus von einer „Anhäufung und Vermehrung des Wissens" und ebenso auch von einem „Fortschritt der Wissenschaften" reden lässt; genauso lässt sich von der „Güte" und von der „Schönheit" der Dinge sprechen. Man muss sich dabei aber bewusst bleiben, dass man sich in diesem Falle höchst rhetorisch ausdrückt und einer bloß metaphorischen Sprache bedient; auch hat man dann zuzugestehen, dass in diesen und ähnlichen Ausdrucksweisen eine gehörige Portion abstrakter Metaphysik steckt.

Wovon man legitimerweise sprechen kann, ist allein die Möglichkeit, eine Sache oder ein Ereignis (ein Handeln) als gut oder gerecht zu qualifizieren oder ein menschliches Verhalten mit dem Attribut der

Weisheit oder der Freundschaft zu belegen, gewiss kann man aber nicht von einer Objektivität sprechen. Eine solche Rede würde über die begrenzten Fähigkeiten der menschlichen Sprache hinausgehen, und sie hätte von allen jenen Theoriebildungen abzusehen, die derartigen Begriffen und Konzepten überhaupt erst Sinn verleihen. Es ist das eine Überlegung, die sich im Hinblick auf jede Disziplin und auf jedes didaktische Ziel anstellen lässt und angestellt werden muss. Wenn man das unterlässt, verfällt man leicht in eine repetitive Mimikry, die wiederum den Primat der Person zunichtemachen würde.

Schließlich ist zu sagen, dass nur dann, wenn man den Erziehungsprozess als eine *Aufwertung und Vervollkommnung der Person* begreift, jene Übereinstimmung zwischen Mitteln und Zwecken, Vorgehensweisen und Zielen, Realität und Ideellem erreicht wird, deren notwendige Interdependenz und Interaktion die Pädagogik zu betonen hat.

Noch einmal: Nur wenn man vom Personalen und nicht vom Impersonalen ausgeht, werden die methodisch-didaktischen Bemühungen der jüngeren Zeit sinnvoll und verständlich; dies ist die Abwendung von einer rigiden Normativität, hin zu einem individualistischen Lehren und Lernen, zu einer „Schule nach Maß“, zu sozialpsychologischen Passungen etc. Es handelt sich dabei um didaktische Entwürfe und Vorschläge (und auch um bereits geleistete Versuche und Erprobungen), die letzten Endes nur in einer *Theorie der Person* ihre Begründung und Rechtfertigung finden können. Dasselbe gilt für die organisatorischen, die institutionellen und die curricularen Probleme, von denen ganz allgemein festgestellt werden kann, dass hier viel größerer Raum der Wahl- und Entscheidungsfreiheit zugestanden werden muss, und zwar zu Lasten des immer noch herrschenden (und die erzieherische Dimension erdrückenden) Konformismus.

Wir werden damit auf jene Dimensionen der Person zurückgeführt, die wir bereits erwähnt haben und welche die Grundbedingungen für eine epistemologische Rechtfertigung des Erziehungsprozesses und/oder des Erziehungsverhältnisses darstellen. Wenn die Person zum Erzieher oder zum EDUCANDUS wird, kann ihre Einmaligkeit und Unwiederholbarkeit nicht mehr negiert werden. Genauso wenig lässt sich der Sinn jenes Überschreitens einschränken, an das der Erziehungs- und Bildungsprozess unlösbar gebunden ist. Dieses Überschreitenwollen ist sogar das grundlegende Motiv für jegliche Erneuerung, Kritik und Kreativität, und es zeugt erneut von der inneren Wertdimension der Person: Sie ist keine geschlossene Monade, sondern offen für anderes und für andere, sensibel für ein über sich Hinausgehen. Sie ist ein existentieller „Wandervogel", und auf ihren Wanderungen sucht sie ihre eigene personale Identität, in die nicht nur ihr Sein, sondern auch ihr Wert eingelagert ist.

IV. Der personalistische Vorschlag

1. Autonomie der Pädagogik

Mehr als fünfzehn Jahre nach dem Erscheinen meiner Schrift „*La mia pedagogia*"[104] (dt. Meine Pädagogik) liegt es nahe, die Frage aufzuwerfen, ob sich in der Zwischenzeit mein Denken verändert hat. Diese Frage drängt sich geradezu auf, sintemalen ich mich heute veranlasst sehe, nicht mehr von *Pädagogik*, sondern statt dessen besser von einer *Theorie der Erziehung zu* sprechen. Es liegt auf der Hand, dass es sich dabei nicht nur um einen neuen Sprachgebrauch handelt, sondern auch um einen neuen Zugang zu systematischen Fragen und eine neue Art, meine Gedanken darzulegen und zu begründen.

Ich kann drei wesentliche Motive dafür angeben, warum ich in meinem pädagogischen Denken diesen Wechsel vollzogen habe. An erster Stelle muss ich gestehen, dass sich in den letzten Jahren in mir mehr und mehr die Erkenntnis vertieft hat, dass das, was wir „Wissen" nennen, sei es ein philosophisches oder sei es ein wissenschaftliches Wissen, in erster Linie nicht aus Antworten besteht. „Wissen" besteht heute viel mehr darin, die richtigen Fragen oder Fragen richtig zu stellen. Dieses Verständnis knüpft an die ursprüngliche und etymologische Bedeutung des Wortes Philosophie an, das zuerst ein Philosophieren, d. h. ein „Suchen nach Wissen" meint. Es ist dieses an kein Ende gelangende Philosophieren, welches der Philosophie ihren überdauernden Charakter verleiht und die einzige Legitimation dafür hergibt, dass überhaupt von einer PHILOSOPHIA PERENNIS (einer immerwährenden Philosophie) geredet werden kann. Dieser alle Zeitläufte überdauernde Ewigkeitscharakter der Philosophie ist begründet, nicht aber ihre gültigen Antworten, die sich oft allzu rasch als ungültig erweisen und in aller Regel zum Zankapfel der Philosophen werden, von denen jeder seine eigene Antwort an die Stelle aller anderen Antworten setzen möchte. Wenn ich von Philosophie spreche und, mehr noch, wenn ich Philosophie (und an ihrer Seite die Pädagogik) betrei-

[104] La mia pedagogia, hrsg. v. Giuseppe Flores d'Arcais, Padua 1972, S. 137-158.

be, dann verstehe ich darunter ein Philosophieren, für das Sokrates als der Meister par excellence gelten kann.

Ein zweiter Beweggrund ist darin zu sehen, dass ich den Personalismus, den ich in meiner Pädagogik dargestellt und vertreten habe, immer mehr als *einen Personalismus* unter vielen anderen erkannt habe. Und mir ist immer deutlicher geworden, dass sich diese Personalismen nicht nur auf Mounier und seine Zeitschrift „*Esprit*" und damit auf die dreißiger Jahre des 20. Jahrhunderts zurückführen lassen, sondern dass ihnen ein viel tieferer geschichtlicher Hintergrund eigen und sie auf einem viel breiteren Nährboden erwachsen sind. So wurde mir zunehmend klarer, dass sie allesamt mehr oder weniger auf Kierkegaard und den von ihm ins Leben gerufenen Existentialismus zurückgehen. Dieser aber ist weit verzweigt, und er erstreckt sich ebenso in die Kultur Russlands hinein (hier ist vor allem an Dostojewski zu denken) wie in die Deutschlands und Frankreichs, und aus dem dicken Stamm des Existentialismus sind sowohl ein religiöser als auch ein atheistischer Ast herausgewachsen. Auch geschichtlich muss man weiter zurückgehen, wenigstens in die zweite Hälfte des 19. Jahrhunderts.

Wenn ich meinen Blick allein auf den italienischen Personalismus der letzten rund fünfzig Jahre richte, dann erscheint es mir geradezu unmöglich, von einer einheitlichen personalistischen Pädagogik zu sprechen. Nach meiner Überzeugung reicht *ein* (einziges) Paradigma nicht aus, um gleichzeitig den dogmatischen Personalismus des späten Peretti, den historischen Personalismus Giuseppe Catalfamos, den betontermaßen objektivistisch (nämlich thomistisch) eingefärbten Personalismus Aldo Agazzis und Gino Corallos, seine wissenschaftlich-technologische Spielart bei Mauro Laeng, den neukantianischen Personalismus Mario Mannos und auch noch den stark kulturkritisch akzentuierten Personalismus Giuseppe Acones auf einen Nenner zu bringen.[105] Wenn wir den Blick dazu noch auf das Gebiet der

[105] Hier seien nur die grundlegenden Schriften der genannten Autoren angeführt. Marcello Peretti: Valori perenni e pedagogia, Brescia 1984; Giuseppe Catalfamo: Personalismo senza dogmi, Rom 1972; Ders.: Ideologie und Erziehung, aus dem Ital. übers. v. Winfried Böhm, Würzburg 1984; Ders.: Fondamenti di una pedagogia della speranza, Brescia 1986; Aldo Agazzi: Il discorso pedagogico. Prospettive attuali del personalismo educativo, Mailand 1965; Gino Corallo: Pedagogia, 2 Bände, Turin 1961-67; Mauro Laeng: Lineamenti di pedagogia, Brescia 1973; Ders.: L'educazione nella civiltà tecnologica, Rom 1984; Mario Manno: Nuove ricerche sul personalismo, Brescia 1982; Giuseppe Acone: L'ultima frontiera dell'educazione, Brescia 1986.

Philosophie ausdehnen, dann werden die Unterschiede zwischen einem Luigi Stefanini, einem Francesco Battaglia, einem Michele Federico Sciacca und einem Pietro Prini noch größer; dennoch können sich alle vier mit gewissem Recht als Personalisten bezeichnen.[106]

Als drittes Motiv möchte ich anführen, dass in den letzten Jahren eine tiefgreifende Revision dessen stattgefunden hat, was wir als „Wissenschaft" bzw. als „wissenschaftliches Wissen" bezeichnen. Diese Revision hat u. a. dazu geführt, dass wir heute mehr von Theorien als von gesicherten Lehren reden. Damit soll nicht verdeckt werden, dass in allem Wissen, das sich als EPISTEME (Wahrheit) und nicht nur als DOXA (Meinung) versteht, wenigstens tendenziell ein Bemühen um Systematisierung und um Vollständigkeit vorhanden ist. Wir müssen heute aber eingestehen, dass die *Theorie,* verstanden als *Interpretation* oder als ein „Netz", mit dem die Wirklichkeit eingefangen werden soll, nicht mehr verstanden als die „kontemplative" Betrachtung einer objektiv gegebenen RES, eng an jenes forschende Suchen gebunden ist, welches für die wissenschaftliche Einstellung typisch und kennzeichnend ist. Dieses Suchen nötigt unablässig zur kritischen Überprüfung der eigenen Position und zur Konfrontation mit anderen Theorien, und nur diese beständige Selbstkontrolle und die fortwährende Gegenüberstellung mit anderen Theorien lässt uns von einem „wissenschaftlichen Fortschritt" sprechen, wenigstens im Sinne von Veränderungen oder Erneuerungen, die an bestehenden Theorien vorgenommen werden.[107]

Ich werde jedoch nicht bei der Aufzählung dieser Motive stehen bleiben. Ich habe ohnehin nur auf sie hingewiesen, um begründen zu können, warum ich es heute vorziehe, statt von *meiner Pädagogik* von *einer Theorie der Erziehung* zu sprechen. Dabei braucht eigentlich nicht (noch einmal) gesagt zu werden, dass es sich hier nicht nur um einen neuen Namen handelt, sondern auch um eine neue Sicht der Probleme und Inhalte, wenngleich mein zentrales Interesse seit eh und

---

[106] Vgl. dazu u.a. Luigi Stefanini: Personalismo sociale, Rom 1951; Ders.: Personalismo filosofico, Brescia 1960; Francesco Battaglia: I valori tra la metafisica e la storia, Bologna 1957; Ders: I valori della pratica e l'esperienza storica, Bologna 1959; Michele Federico Sciacca: Atto e Essere, Rom 1956; Ders.: La libertà e il tempo, Mailand 1965; Pietro Prini: Umanesimo programmatico, Rom 1965.

[107] Nicht alle Wissenschaftstheoretiker und beileibe nicht alle Wissenschaftshistoriker glauben an einen Fortschritt in der Wissenschaft; einige lehnen ihn sogar ausdrücklich ab. Man lese nur die Schriften von Thomas S. Kuhn, Paul Feyerabend, Imre Lakatos, Karl Popper und Romen Harré, und man wird ein verwirrendes Bild von der heutigen Lage und Einschätzung der Wissenschaft vor sich haben.

je auf die gleiche Frage gerichtet ist und bleibt: die Frage nach der *Autonomie der Pädagogik als Wissenschaft.* Um es deutlich zu sagen: Mit Autonomie ist dabei nicht eine scharfe Grenzziehung gemeint, die ein Terrain einzäunen würde, innerhalb dessen es Pädagogik und/oder Erziehung und außerhalb dessen es etwas anderes oder andere Disziplinen gäbe. Eine solche Vorstellung wäre geradezu irrig, denn wenn die Erziehung den Menschen, und zwar den *ganzen* Menschen betrifft, wie immer man ihn verstehen will, dann gibt es nichts – weder Denken noch Tun, weder Theorie noch Praxis, weder Individuum noch Gesellschaft, weder einen Mikro- noch einen Makrokosmos –, das außer Acht gelassen werden könnte. Dennoch geht es nicht um eine solche bloß beschreibende (deskriptive) Systematisierung. Wenn man hier ernsthaft von Autonomie reden will und kann, dann deshalb, weil weder die Erziehung noch die Pädagogik anders erforscht und interpretiert werden können, es sei denn JUXTA PROPRIA PRINCIPIA, d. h. indem man sich in den pädagogischen Diskurs selbst hineinbegibt. Auch andere Disziplinen handeln vom Menschen, aber sie tun es von einer anderen Perspektive aus. Die Pädagogik redet vom Menschen aus ihrer Sicht, und auch die Erziehung behandelt ihn von ihrem Gesichtspunkt her, nämlich dem der Bildung.

2. Autonomie der Person

Wenn man eine Theorie als *personalistisch* bezeichnet, dann muss man genau angeben, was eine solche Bezeichnung beinhaltet und wie sie sich rechtfertigt; vor allem aber interessieren dabei die Gründe, aus denen heraus diese Theorie anderen gegenüber vorgezogen werden soll. Noch einmal muss unterstrichen werden, dass jeder Personalismus, wie sehr er sich auch von anderen unterscheiden mag, dadurch ausgezeichnet ist, dass er mit aller Entschiedenheit am *Primat der Person* festhält. Primat der Person heißt dabei, dass die Person als jenes PRIMUM genommen wird, von dem jeder Diskurs und jedes Handeln (auch dieses hat im Übrigen immer Diskurscharakter) ausgeht. Das *Erste* ist also die Person, genauer noch: *meine* Person; *die Person, die ich bin.* Diese ist die wirkliche Grundgegebenheit, die im authentischen Sinne „erste“ Voraussetzung. Wenn man eine andere Formulierung vorzieht, mag man auch von *meiner Erfahrung* reden, von jener Erfahrung also, die ich als Person lebe, erkenne und verwirkliche.

Auf diesem PRIMUM beruht die Unterscheidung zwischen dem Personalen und dem Nichtpersonalen. Und an diesem Eckstein scheiden sich auch eine *Metaphysik der Person* und eine *Metaphysik des Seins* voneinander. Vergessen wir dabei nicht, dass die Jahrtausende alte Geschichte der abendländischen Philosophie und Wissenschaft durchgängig getragen wurde von der Suche nach einem rational erklärbaren Prinzip der Wirklichkeit. Vom Sein des Parmenides zu den platonischen Ideen, vom aristotelischen Akt bis zur Mathematisierung bei Descartes und Spinoza, vom Transzendentalismus Kants bis zum absoluten Geist Hegels, von der Geometrie Euklids bis zur Kosmogonie Newtons, vom Atomismus Demokrits bis zur Gewissheit der positivistischen Wissenschaft. Immer suchte und glaubte man an ein Prinzip, dem Objektivität und damit Absolutheit zukäme und das folglich zum Garanten einer universalen Ordnung und zum Führer für das menschliche Denken und Handeln werden könnte. Man suchte Naturgesetze und Normen für das menschliche Handeln, und man strebte nach einer streng disziplinierten und disziplinierenden Sicht der Welt als einer durch eine REGULA MUNDI ET HOMINIS (eine Regel für Welt und Mensch) geordneten und/oder in Ordnung zu bringenden. Dass man diese Regel im Wandel der Zeiten einmal von der Theologie, ein andermal von der Politik oder von der Gesellschaft herzuleiten versuchte, ist in unserem Zusammenhang weniger von Belang als die Tatsache, dass der Mensch, wenn er sich nicht schon in diese Ordnung eingebunden sah, sich ihr einfügen *sollte* oder (was das gleiche ist) sich diese Ordnung zu eigen machen *sollte*. Spinoza und Leibniz können auch hier wieder als Kronzeugen herbeigerufen werden: der eine für ein Verständnis des einzelnen Menschen als einem bloßen Seinsmodus der Substanz, der andere für seine Forderung nach einer prästabilierten Harmonie als Grundbedingung für eine Zusammenstimmung des grundsätzlich Verschiedenen.

Es handelt sich bei alledem um objektivistische und unpersonalistische Formulierungen. Kann aber die Person aus solchem Unpersonalen hervorgehen? Mit Sicherheit nicht als ein PRIMUM und genauso wenig als eine autonome Kraft, Neues zu schaffen und hervorzubringen. Allenfalls im Sinne einer bloßen Widerspiegelung oder als Kontemplation, als Modalität oder im schlimmsten Falle als eine Antwort, die schon vorherbestimmt war und deshalb gar nicht anders ausfallen konnte. Die mittelalterliche Auseinandersetzung über die

Einheit des Intellekts ist ein aufschlussreiches Beispiel für die Brisanz des hier aufgeworfenen Problems: wie kann man angesichts des absoluten Intellekts (Gott) zugestehen, dass HIC HOMO INTELLIGIT (hier denkt ein Mensch)?

Auf der anderen Seite kann man genauso wenig übersehen, dass im Verlaufe unserer Philosophie- und Wissenschaftsgeschichte immer wieder gegen den Absolutheitsanspruch eines objektiven und unpersonalen Prinzips, das keinen Raum und keinerlei Autonomie für das Personale zuließ, Protest angemeldet worden ist. So sind nacheinander als Antithesen gegen die Rationalität Positionen vertreten worden, die das Irrationale oder zumindest das Nicht-Rationale hochpriesen und ihm eine autonome Kraft (vis) zuerkannten, sahen sie diese nun im Gefühl, in den Leidenschaften, im Willen, im Glauben, in der Dichtung, in der Schönheit oder im reinen Zufall. Es hat auch nicht an Versuchen gefehlt, beide Ebenen miteinander zu versöhnen, ohne dass man freilich den Gegensatz zwischen einem objektiven und einem subjektiven Prinzip überwinden konnte und ohne dass man letztlich die Unterordnung des einen unter das andere hätte aufhalten können. Man wird auch schwerlich vergessen können, dass ein Großteil jenes Humanismus, der zur Verteidigung des Wertes und der Würde des Menschen angetreten war, die Gedanken von *Ordnung* und *Harmonie* als objektiv gegebene und objektiv zu vertretende Regeln auf sein Panier geschrieben hat. Hier darf man nicht einmal Nietzsches berühmte Entgegensetzung des apollinischen und des dionysischen Prinzips unerwähnt lassen. Blaise Pascal räumt der Logik des Herzens Vorrang ein gegenüber der Logik der Geometrie; Kierkegaard polemisiert gegen Hegel, Schopenhauer streitet gegen Kant. Am Ende ergibt sich dann als logische Konsequenz, dass man die menschliche Existenz solipsistisch in sich selbst verschließt, in den Anarchismus Max Stirners verfällt, mit Nietzsche den Willen zur Macht hypostasiert oder wie Kierkegaard seine Zuflucht in einen qualitativen Glaubenssprung sucht. Aber in allen diesen Fällen erweist sich das Irrationale als etwas Objektives, dem man sich zu unterwerfen hat, so dass auch diese Positionen zu einer Negation oder Einschränkung dessen beitragen, was man zu retten und anzuerkennen versucht: die Autonomie der Person und die Einmaligkeit des Ich.

3. Die Person als Maß

Gewiss, der Ausgangspunkt, das PRIMUM, ist etwas Endliches. Zum einen, weil es etwas Gegebenes ist, und zum anderen, weil man über die Erfahrung (das Leben und Erleben) nicht anders reden kann als in der Dimension der Raum-Zeitlichkeit. Gleichwohl lässt sich in diesem existentiellen Werden etwas Permanentes, etwas Dauerhaftes ausmachen, das uns dann von jenem Ich sprechen lässt, an dem kein Weg vorbeiführt, wenn wir feststellen, dass es dieses Ich ist, welches spricht, und dass dieses Ich jenseits des Sprechens ist, und zwar als dessen Quelle und Grundlage. Von daher kommt es zur Kennzeichnung des Ich als *Dauer*, als *Bewusstsein* (Selbstbewusstsein) oder auch als *Sein* oder als *Substanz*. Dabei handelt es sich aber in Wirklichkeit um metaphorische Bestimmungen, die sich meilenweit von jener Erfahrung entfernen, in der sich das Ich als solches bestätigt: *Ich bin.* Und gerade deshalb ist es imstande, von einer Wirklichkeit zu sprechen, und zwar von derjenigen, die es selber wirklich ist, und von derjenigen des *Du,* das ihm gegenübertritt und das ebenfalls *Ich* zu sich sagen kann. Man gelangt so zu einer zweigleisigen Beziehung, in der das Ich und das Du sich wechselseitig zu einem Du und zu einem Ich machen, und auf diese Weise knüpft sich jenes erste gemeinschaftliche Band, das ontologisch zwar von der Person (von meinem Ich) abhängt, strukturell aber sich als *Kommunikation* und als Dialog (auch wenn von einem *Es* gesprochen wird) erweist. *Ich, Ich bin, Ich bin Ich,* kann mit unterschiedlicher Intensität ausgesagt werden, je nachdem, ob der Kontakt mit sich selbst tiefer reicht oder nur an der Oberfläche verharrt. Der Grenzfall, dass mein Ich vollkommen für mich durchsichtig wird, muss aber eine bloße Idealvorstellung bleiben. Lediglich im Idealismus, vor allem im italienischen Neoidealismus, hat man geglaubt, eine vollkommene Kommunikation mit sich selber sei möglich, bei der das Bewusstsein zum reinen Selbstbewusstsein würde. Aber dabei hatte man offenbar nur den absoluten Geist im Auge. Auf ganz ähnliche Weise lässt sich von einer Ausdehnung der Kommunikation mit den anderen reden, die sich in die raum-zeitliche Dimension erstreckt. Der Dialog weitet sich aus: von der Hausgemeinschaft auf die Gemeinschaft der Bürger und schließlich – im Idealfall – auf die Gemeinschaft aller Menschen, und zwar im Geiste vollkommener Solidarität. So dehnt sich die Person, die zuerst und vor allem im familiären Umkreis lebt, zum AMICUS (Freund), zum SOCIUS (Genossen) und zum CIVIS (Bürger) aus. Sie tut das zur gleichen Zeit, da sie auf der logisch-erkenntnistheoretischen Ebene vom gewöhnlichen und vielfach unbedachten Austausch von Meinungen zu einem Gespräch fortschreitet, das stärker von logischer Folgerichtigkeit geprägt und durch Argumente beherrscht wird. Dabei steht ihr als Ideal ein ganz von der „Wahrheit" geleiteter Diskurs vor Augen. Alles das bedeutet *Intentionalität* und ein *Überschreiten* (des Gegebenen).[108] Beides aber sind konstitutive Momente der Person. Die Person ist endlich, aber immer in *Spannung* und deshalb immer auf anderes hin ausgerichtet. Und obwohl die Person in die raum-zeitliche Dimension ihrer Existenz hineingestellt ist (die personale Erfahrung kann das bestätigen), spannt sie sich doch stets darüber hinaus, und zwar kraft eines Lebensentwurfes, der sie in jedem Augenblick ihres Lebens in die Pflicht nimmt und der, genau genommen, jede raum-zeitliche Begrenzung übersteigt. Während ihre geschichtliche Existenz es ist, welche die Bedeutung ihres Ichs vermittelt, so ist es ihr Sein (ihr Person-Sein), das sie beständig über sich hinaustreibt und sie den Sinn des Lebens finden lässt, der immer zugleich Sinn der Endlichkeit ist und deshalb auch ein Verstehen des Todes einschließt. Lebenssinn schließt den Sinn des Geborenwerdens, des Lebens und des Sterbens ein.[109]

Hier liegt der Grund dafür, dass es keine Erziehung geben kann, die sich nicht als eine *permanente* Erziehung verstünde. Deshalb ist Erziehung, und zwar jede Erziehung, stets und ihrem Wesen nach Intentionalität und ein Hinausgehen, ein ständiges Überschreiten (des Gegebenen und Erreichten). Man möge uns nicht missverstehen: Vom Sein des Ich zu reden, bedeutet keineswegs, den Diskurs auf eine Metaphysik des Seins zu gründen, die von einer Metaphysik der Person grundverschieden wäre. Jedwede Metaphysik des Seins ist immer unpersonal; das gilt ebenso für die platonisch-aristotelische wie für eine transzendentale und nicht minder für eine Metaphysik des Irrationalen. Was die Metaphysik jenes personalen Seins angeht, welches der Gott des Christentums ist, so gründet die Metaphysik im Glauben, und die Theologie ist fortwährend darum bemüht, diesen mit der Ver-

---

108 Der Autor gebraucht hier und an zahlreichen anderen Stellen des italienischen Textes das Wort trascendimento, das sich einer simplen Verdeutschung widersetzt. Gemeint ist damit ein über die gegebene Situation und über den jeweiligen Entwicklungsstatus Hinausgehen. Der Begriff wird von uns deshalb je nach Kontext einmal mit Überschreiten, ein andermal mit Hinausgehen über wiedergegeben. [Anm. d. Übers.]

109 Vgl. dazu den materialreichen Band: Woher? Wozu? Wohin? Fragen nach dem menschlichen Leben, hrsg. v. Winfried Böhm und Martin Lindauer, Stuttgart 1990; insbesondere die Beiträge von Zdarzil, Tenbruck, Ganoczy, Suchodolski, Pieper und Böhm.

nunft des Menschen in Einklang zu bringen, so dass man hier besser von einer Metaphysik des Seienden spräche. Um es mit einem Wort zu sagen: Garant der Person kann allein eine Metaphysik sein, die unverrückbar ihren Primat (den Primat der Person) anerkennt. Das heißt nicht mehr und nicht weniger, als dass alles durch die Person hindurchgeht (auch wenn nicht alles aus ihr hervorgeht), weil alles von der Person her gesagt, ausgesprochen und kundgetan wird. Die Person ist also unstreitig Protagonist alles dessen, was die Geschichte des *Ich* aufbaut, und alles dessen, was damit zusammenhängt; des *Du* und auch, freilich in untergeordnetem Maße, des *Es*.

Wenn wir also das personale Sein als das verstehen, was ist und was über das bloße Existieren hinausgeht, dann muss eine Metaphysik der Person dieses personale Sein als Wert begreifen und, anders ausgedrückt, als Maßstab beim Ermessen der Wirklichkeit (der Person) verwenden. Wenn wir den HOMO-MENSURA-Satz – der Mensch ist das Maß aller Dinge – von allen individualistischen und naturalistischen Fehldeutungen (bei beiden handelte es sich um objektivistische Deutungen) reinigen wollen, dann müssen wir ihn so verstehen: Die Person in ihrer Einmaligkeit und Unwiederholbarkeit ist dieses Maß. Es erscheint geradezu überflüssig hinzuzusetzen, dass dieser Personalismus unendlich weit von jenem entfernt ist, den man auf der von Boethius überkommenen Definition der Person aufbauen wollte. Jener Begriff der Person als einer NATURA RATIONALE war in höchstem Grade objektivistisch (indem er die Person „vergegenständlichte"), und er konnte aus innerer logisch-ontologischer Notwendigkeit heraus nur zu einer Lösung des Individuationsproblems gelangen, die das Individuum als MATERIA SIGNATA QUANTITATE auffasste. Von daher kam es, dass sich über die Jahrhunderte hinweg hartnäckig ein Dualismus – der Mensch als Leib *und* Seele – halten konnte, der die ganze Zeit über eine angemessene Sicht der Person als *Einheit* bzw. als konstitutiven und konstruktiven *Knotenpunkt* verhindert hat, eine Einheit und ein Knotenpunkt, die uns statt von einer Beziehung zwischen Leib und Seele treffender von einer Verknüpfung von LOGOS und EROS sprechen lassen. Das genau ist jene Person, von der uns auch die Humanistische Psychologie eine Beschreibung und eine Theorie zu liefern vermag.

Die *Einmaligkeit* der Person fällt mit ihrer *Unwiederholbarkeit* zusammen. Sie ist sie selbst und nichts anderes außer sich selbst. Dieser Fortbestand der Person, der offenbar ein Werden und auch den prozessualen Charakter ihres Existierens nicht ausschließt, und dieses

Leben in der Geschichte machen ihre Dauer und die Beständigkeit des Ich aus.[110] Ohne eine andere oder ein anderer zu werden, kann die Person gleichwohl mit einer oder mit einem anderen eins werden, wenigstens in dem metaphorischen Sinne, in dem dieses Einswerden von Dichtern und Liebenden immer wieder besungen wurde; man denke beispielsweise nur an Tristan und Isolde.[111]

Es kann nicht geleugnet werden, dass jede Person von allen anderen *verschieden* ist und ihr „Sein" auf eine ganz und gar einzigartige Weise gebaut ist. Das erlaubt uns, klar und deutlich von der Kreativität und von der Erfindungsgabe der Person zu sprechen, die quasi zu ihrer Natur gehört und nicht schon ein Charaktermerkmal des Menschen allgemein ist. Damit ist jene Tendenz und jenes Streben gemeint, mit dem ein jeder versucht, immer mehr und immer besser er selber zu sein und so sein Ich auf immer ausnehmendere Weise (als immer stärkere „Ausnahme") auszuprägen.

4. Das Drama der menschlichen Person

In dieser *Selbstwerdung* – genauer und treffender müssten wir von einer *Selbstgestaltung* oder von einem sich immer mehr zu einem Ich Machen sprechen[112] – liegt der ganze Sinn der Erziehung, wenigstens der ganze Sinn einer auf die Person gerichteten und damit personalisierenden Erziehung. Sie gestattet auch eine Überwindung (und nicht bloß eine schlechte Synthese) jener Antithesen, die Jahrhunderte lang das Erziehungsproblem beschwert haben: den unversöhnlich erscheinenden Gegensatz zwischen einem *„Sei, wie du bist"* und einem *„Sei, wie du sein sollst",* also den Gegensatz zwischen einem pädagogischen Naturalismus und einer rigorosen Sollensethik. Das Theater Henrik Ibsens hat diese Antinomie in einer Reihe eindrucksvoller Dramen anschaulich auf

---

[110] Romano Guardini hat dieses Problem unter dem Gegensatz von Akt und Bau sehr anschaulich erörtert. Vgl. dazu sein Buch: Der Gegensatz, Mainz 1925.

[111] An dieser Stelle muss man an die Begegnung Nietzsches mit Wagner erinnern und an die Bedeutung der Probleme Liebe und Tod, Existenz und Nichts, die in dieser Begegnung eine herausragende Thematik dargestellt haben und für die „Tristan und Isolde" nur ein signifikantes Beispiel ist.

[112] Der deutsche Philosoph Jörg Splett hat für diesen Ichverhalt den Begriff Icherwirklichung geprägt.

die Bühne gebracht, indem es seine Hauptfiguren entweder den einen oder den anderen der beiden Imperative verkörpern lässt. Dem ursprünglichen und spontanen Naturalismus *„Peer Gynts"* steht der radikale Rigorismus und die herbe Askese *„Brands"* antithetisch gegenüber. In seinen Frauenstücken, vor allem in *„Nora oder Ein Puppenheim", „Die Frau vom Meer" und „Hedda Gabler",* konfrontiert uns Ibsen nicht nur bereits mit der ganzen Problematik des aufkommenden Feminismus, sondern er stellt uns in seinen Frauengestalten das Drama der menschlichen Person vor Augen, wie es sich in der Spannung zwischen einer natürlichen Subjektivität und einem Leben gemäß festen und starren Regeln für das sittliche und soziale Handeln und damit einem objektiv gegebenen Gesetz abspielt.

Es handelt sich um die CONDITIO HUMANA und also um jenes *Drama,* das jede Person auf je eigene und eigenartig-einmalige Weise inszenieren und darum mit ganz unterschiedlichen Akzentsetzungen spielen muss. Es ist das ein Thema, bei dem sich Personalismus und Problematizismus begegnen. Beide Positionen stimmen darin überein, dass das menschliche Leben Problem und Drama ist. In ihrer Theoriebildung weichen beide Positionen jedoch voneinander ab. Während der Personalismus in eine Richtung weist, in der sich wenigstens ideell eine Lösung abzeichnet, beharrt der Problematizismus auf dem Gegensatz von unaufhebbaren Antinomien, welche die Vernunft (eine transzendentale und deshalb regulative, nicht konstitutive Vernunft) zwar feststellt, für die es in der Praxis aber keinerlei Versöhnung geben kann. Im französischen Personalismus, und zwar dort, wo dieser sich eng an den religiösen Glauben anschließt, hat man deshalb die Person als ein *Geheimnis* und nicht als ein *Problem* genommen. Damit wollte man vor allem zum Ausdruck bringen, dass die Person, insofern sie endlich ist, niemals ganz transparent zu werden vermag, so dass immer ein unaufgeklärter und unaufklärbarer Restbestand – die *Intimität* jedes einzelnen – erhalten bleibt. Dieses Unbekannte kann zum Teil erforscht und aufgehellt werden, aber niemals ganz verschwinden. Es stellt die unüberschreitbare Grenze der menschlichen Endlichkeit dar. Die geschichtlich existierende Person ist nicht die göttliche Person, und deshalb lebt sie in der Spannung, sich fortwährend selber überschreiten zu wollen. Das meint ihre Intentionalität und ihr ständiges *Über-sich-hinausgehen.* So gewinnen in der Person das *„Sei, wie du bist"* und das *„Sei, wie du sein sollst"* die gleiche Bedeutung, insofern sie das sein muss, was ihre Einmaligkeit ausmacht, und alles das sein soll, was sie sein kann und sein will und was in diesem Können und Wollen seinen Beweggrund und seine Rechtfertigung findet. Wenn jede Person ein in seiner eigenen Identität unverwechselbares Ich darstellt, dann deckt sich das *„Ich bin"* vollkommen mit dem *„Ich bin all das, was ich sein soll",* und dieses wiederum bedeutet das gleiche wie *„Ich soll all das sein, was ich bin"* in meiner mir eigenen Einmaligkeit, die darum meine (sei sie gleich auch nur endlich) Absolutheit und damit den Wert ausmacht, der mich auszeichnet. Das Ontische wird hier zum Axiologischen; die Erkenntnis geht in ein Handeln über: Die Theorie der Person verwirklicht sich praktisch in ihrer Bildung. Deshalb bedeutet das Sich-Erziehen für die Person, sich zum „Meister"[113] über sich selber zu machen.[114]

Wenn man sagen will, die Person sei EDUCANDUS, so kann das nie und nimmer heißen, sie sei an ein Sollen verwiesen, das ihr von außen auferlegt wird und dem sie zu folgen hat. „Eine oder einer selbst sein sollen" meint kein Sollen, das außerhalb seiner selbst läge. Es bedeutet vielmehr, dass die Person, und zwar jede Person und jedes Ich, nichts anderes sein und sich zu nichts anderem machen soll als zu der Person und zu dem Ich, das sie in der Einzigartigkeit und Einmaligkeit ihres Seins ist: *diese* Person und *dieses* Ich in der Einheit und Identität, welche die Person selber hervorbringt, und zwar durch ihr Erkennen und Handeln. Das heißt, dass der personale Wert einer jeden Person dadurch verwirklicht wird, dass diese sich selbst verwirklicht und vervollkommnet, und zwar mit jener Intensität, die ihr aufgrund der eigenen Fähigkeiten und in Abhängigkeit von den geschichtlich-existentiellen Bedingungen möglich ist, denen ein jeder auf persönliche Weise unterworfen ist. Es geht also um ein Sollen, das sich immer und vollständig in das Sein und Können des einzelnen eingräbt und das deshalb überhaupt nicht von der existentiellen Situation, in der die Person lebt, und von dem Weg, auf dem sie ihre Erfahrungen macht, abgelöst werden kann. Nicht nur darum geht es, den Menschen in seiner Situationsgebundenheit zu begreifen (das könnte sogar zu einer statischen Sichtweise führen), sondern man muss ihn als einen Wanderer sehen lernen, der immer auf dem Wege und stets auf der Suche ist und der deshalb die konkrete Möglichkeit hat, sich zum Meister und Lehrer seiner selbst zu machen. Genau hier liegt das Ziel und die

---

113 Im Ital. wird hier der Begriff „maestro" gebraucht, der sowohl Meister als auch Lehrer bedeutet. [Anm. d. Übers.]

114 Über dieses Thema hat Raffaele Resta großartige Gedanken niedergeschrieben, die ihre Aktualität bis heute nicht eingebüßt haben. Siehe sein Buch La filosofia dell'educazione, Padua 1942.

Aufgabe der Erziehung, ebenso aber auch die RAISON D'ÊTRE der Person, sofern sie in ihrer eigenen Identität die Bedeutung und auch den Sinn ihres Lebens und ihrer Bestimmung birgt.

5. Pädagogik der Person

Wie wir gesehen haben, gibt es eine Reihe von theoretisch-philosophischen Gründen, die für eine personalistische Theorie sprechen, wobei diese Theorie niemals mit einem Totalitätsanspruch auftritt, sondern im Gegenteil von dem Wert der Auseinandersetzung und des Gesprächs mit anderen Theorien überzeugt ist. Für eine solche Wahl gibt es aber auch im engeren Sinne pädagogische Gründe, und diese lassen die Entscheidung für eine personalistische Erziehungstheorie insgesamt mehr als gerechtfertigt erscheinen.

Wie immer auch die Modalitäten sich wandeln mögen, unter denen das Konzept der Person eingeführt wird, so lässt sich doch feststellen, dass es eigentlich keine ernstzunehmende pädagogische Forschung mehr gibt, die bestreiten könnte, dass die *Person,* ihre *Bildung* und ihre *Entwicklung,* aber auch die *Innovationen,* die von ihr ausgehen (können), die heute relevantesten Themen darstellen und zu Recht im Mittelpunkt der aktuellen Diskussion stehen. Gleichzeitig sind es aber auch jene Themen, über die am ehesten Unklarheiten und Missverständnisse aufkommen. Solche erwachsen vor allem dadurch, dass viele Theorien heute zwar die Rede von der *Bildung der Person* im Munde führen, ohne dass sie aber den geringsten Anspruch erheben dürfen, sich personalistisch zu nennen. Mögen sie nämlich noch so unablässig und lautstark von der Person reden, bildet für sie doch nicht die Person, sondern die Gesellschaft oder die Geschichte, der Wille oder die Vernunft das PRIMUM, von dem ihr Diskurs seinen Ausgang nimmt. Es reicht nicht aus, nur von der Person zu reden; es kommt darauf an, genau zu präzisieren, wie man von ihr spricht. Entscheidend ist immer zu wissen, ob tatsächlich die *Einmaligkeit der Person* zum wirklichen Protagonisten der Erziehung wird. Um es mit aller Deutlichkeit zu sagen: Eine *Pädagogik der Person* hat wenig gemein mit reformpädagogischen Konzepten einer „Pädagogik vom

Kinde aus“[115], und genauso wenig darf sie mit einem irrational überladenen pädagogischen Spontaneismus verwechselt werden; umgekehrt darf man sie auch und erst recht nicht mit jener Variante oder Modalität von „Erziehungsgesellschaft“ in einen Topf werfen, welche die pädagogische Aufgabe darin erblickt, die Person zur „Persönlichkeit“ zu machen, und damit erhebliche und nicht nur terminologische Schwierigkeiten nach sich zieht.

Allzu leicht wird übersehen, dass solche Perspektiven dem Unpersonalen von neuem Tür und Tor öffnen und es abermals als ersten Protagonisten der Erziehung einsetzen, so dass, wenn man nur einen Funken von logischer Folgerichtigkeit besitzt, die Person (d. h. der einzelne) ihren Wert von nirgendwo anders her beziehen könnte als von der Gesellschaft. In der Tat wird das kohärenterweise von einigen kollektivistischen Theorien auch behauptet, und bei Makarenko kann man diesen pädagogischen Standpunkt ganz unverblümt nachlesen. Wenn man jegliche Form von Konformismus vermeiden will, dann kann man von Bildung nur in Begriffen der Einzigartigkeit und Einmaligkeit sprechen. Denn Konformismus bedeutet allemal Anpassung an andere, und diese anderen treten immer als etwas Objektives (und damit als Regel, Norm oder Wert) entgegen, und dieses will entweder als meta-historisch oder wenigstens als eine historische oder historisierbare Wirklichkeit gelten. *Die Person bildet sich gemäß ihrer einzigartigen „Struktur“; aber dieses Sich-Formen*[116] *und eine Form annehmen ist dasselbe wie sich zum Meister und Lehrer seiner selbst zu machen.* Das ist auch der einzige Weg, um angemessen von Kreativität und Innovation sprechen zu können. Auch die Rede von der Kritikfähigkeit der Person hat hier ihren Grund. Andernfalls entstünde die Kritik, wie es freilich sehr häufig geschieht, lediglich daraus, dass man oftmals schon stereotyp gewordene Deutungsschemata gebraucht, und das noch dazu auf unfruchtbare und erschreckend repetitive Weise.

---

115 Der Autor gebraucht hier die im romanischen Sprachraum übliche Bezeichnung „attivismo“, unter der in der Regel die verschiedenen Strömungen der bei uns sogenannten „Reformpädagogik“ zusammengefasst werden, insbesondere jene, für die wir im Deutschen den Begriff einer „Pädagogik vom Kinde aus“ geprägt haben. Beide bei uns kursierenden Bezeichnungen sind im Italienischen unbekannt bzw. ungebräuchlich. [Anm. d. Übers.]

116 Der Autor spielt hier mit der Doppelbedeutung des italienischen „informare“ und er schreibt das Wort sogar mit Bindestrich als „in-formare“. Das, was wir hier mit „Bildung“ übersetzen, meint also in der wörtlichen Bedeutung des italienischen Begriffes ein „Sich-in-eine-Form-Bringen“ bzw. „Sich-eine-Form-Geben“. Für das deutsche Wort „Bildung“ gibt es im Italienischen keinen eindeutigen Gegenbegriff. [Anm. d. Übers.]

Man braucht nicht dafür einzutreten, dass es der einzelne Mensch ist, der nicht länger die Wirklichkeit nur betrachten, sondern die Geschichte selber gestalten will, wenn man anschließend diese Aufgabe und Fähigkeit der Gesellschaft, der gesellschaftlichen Klasse, dem Kollektiv, der Partei usw. überträgt. Formal und logisch gesehen fällt man immer wieder in die Maschen einer Metaphysik des Seins zurück, und dabei spielt es keine große Rolle, ob dieses Sein als ein „Werden" der Geschichte gedeutet wird, das sich in seiner Konkretheit – auch physisch und ökonomisch – manifestiert, um der Leere des abstrakten Seins zu entgehen. Die Substanz kann sich nicht verändern, so dass die Frage stets die gleiche bleibt: Ist es erlaubt, von einem objektiv gegebenen Impersonalen auszugehen? Wenn man auf diese Frage eine zustimmende Antwort gibt, muss man dann nicht notwendig zu der Folgerung gelangen, das Personale sei faktisch und zu Recht nichts anderes als eine bloße Modalität des Impersonalen und folglich notwendig ohne Autonomie? Das Personale kann dann niemals zum Protagonisten werden, sondern bestenfalls nur als die Maske eines Gesichtes erscheinen, das im Dunkeln bleibt, aber einzig und alleine tätig ist. Die cartesianische *Substanz* und die Hegelsche *Weltvernunft* können dafür als historische Beispiele dienen.

Wenn die Aussage HIC HOMO COGITAT (und analog könnte man sagen HIC HOMO FACIT und HIC HOMO AGIT) einen Sinn haben soll, dann muss man den Akzent auf das Hier legen und deutlich machen, dass die Person, wenn sie denkt, notwendig *ihre* Gedanken denkt, und wenn sie handelt, *ihre* Handlungen vollzieht.

6. Werte und Ziele

Eine personalistische Erziehungstheorie scheint auch auf plausible Weise und mit innerer Stimmigkeit das Problem der Werte, d. h. die axiologisch-deontologische Dimension einer jeden Erziehung anzugehen. Es gibt keinen Zweifel daran, dass es eine Theorie der Erziehung überhaupt nicht geben kann, wenn man das Thema der Ziele, die es zu realisieren oder zu erreichen gilt, ausklammert oder für nichtig erklärt. Das schließt freilich nicht aus, dass man sehr unterschiedliche Ziele ansetzt, die sich oft sogar widersprechen, in jedem Falle aber vielfältig sind. Selbst der

Existentialismus Sartres, der die Möglichkeit einer vorgeschriebenen Marschrichtung rundweg ablehnt, weil diese die menschliche Freiheit auslöschen würde, die als solche stets unmotiviert sein muss, kann nicht umhin einzugestehen, dass seine Behauptung „Man fällt, wohin man eben fällt" allein dadurch gerechtfertigt wird, dass der Mensch nur auf diese Weise frei sein kann. Das heißt, dass die Freiheit und nicht die Unfreiheit das Ziel eines jeden menschlichen Entwurfes ist, und noch mehr ist sie die Grundlagenbedingung für das menschliche Handeln. Auch Raffaele Laporta, der von einer ganz anderen Richtung herkommt, vertritt angesichts des herrschenden Zielepluralismus die These, sie seien alle auf einen sowohl für die menschliche Kommunikation als auch für das soziale Zusammenleben erforderlichen gemeinsamen Nenner zurückzuführen, und dieser sei die von allen Menschen anerkannte Methode der Freiheit. Und deshalb sei die Freiheit ein Ziel, das über alle Inhalte und Programme der Erziehung hinaus angestrebt und verfolgt werden muss.[117]

Man muss dabei allerdings folgendes klarstellen: Welches immer auch die Ziele sein mögen (diese müssen offenbar auch nach den Wahlen gerechtfertigt werden, welche die Erziehung unablässig zu treffen hat), so stellen sie keine Werte dar, sondern sind Instrumente, Mittel oder geistige bzw. operative *Verfahren der Person,* die selber der einzige Wert ist, von dem man sprechen kann, ohne in objektivistische Vorurteile zurückzufallen. Es stimmt: Die Geschichte und die Kultur haben im Laufe ihrer langen Entwicklung und in ihrer gewaltigen räumlichen Ausdehnung Werte, auch sich widerstreitende, hervorgebracht, die ihrerseits das menschliche Handeln geleitet und geführt haben. Aber wie auch immer es um die Möglichkeit einer axiologischen Begründung der Werte bestellt sein mag, in jedem Falle muss sie logischerweise zu einer Taxonomie und zu einer Hierarchie der Werte und auf diesem Wege notwendig zu einem höchsten Wert führen. Im Hinblick auf den höchsten Wert der Pädagogik ist mit aller Entschiedenheit zu sagen, dass es hier keine Wahl zwischen verschiedenen Werten geben kann. Wenn es sich wirklich um diesen Wert handelt, dann kann er nicht gegen einen anderen ausgetauscht und auch nicht beliebig umgeworfen und verändert werden. Auch für den

[117] Es ist das ein zentrales Thema der Pädagogik Laportas, von den ersten Schriften an bis auf den heutigen Tag. Man vergleiche u. a. seine Bücher: Educazione e libertà in una società in progresso, Florenz [2]1967; Educazione sociale, Teramo 1970; und schließlich seinen gewichtigen Aufsatz I fini educativi. Analisi filosofica e indagine scientfica, in: Filosofia e pedagogia, oggi, hrsg. von Sergio Baratto, Anna Maria Bernardinis, Winfried Böhm und Luisa Santelli, Padua 1985, S. 447-480.

Wert zählt das Kriterium des *Seins* und nicht das des *Habens*. Dieses ließe den Gedanken des Tausches und damit eines Handelns zu, der am Ende zu Überlegungen ökonomischer und utilitaristischer Natur führen würde.

Gewiss lebt der Mensch nicht ohne Werte, betrachte er diese nun als objektiv gegeben oder betrachte er sie als gesetzt. Aber die Erziehung wählt nicht die Werte, sie wählt lediglich die Ziele und die angemessenen Methoden und Verfahrensweisen, um zu diesen zu gelangen: Auf diese Weise bringt sie etwas Wertvolles hervor. Indem nämlich die Person diese Ziele verfolgt und sie realisiert, wertet sie sich auf und steigert ihren personalen Wert. Dass diese Wahl innerhalb der existentiellen Bedingungen und damit im Rahmen der konkret vorhandenen Möglichkeiten stattfindet, schließt von sich aus jenen Freiheitsspielraum keineswegs aus, der der Person auch angesichts ihrer Endlichkeit zugestanden werden muss. Diese Freiheit, die allererst gestattet, von Verantwortung zu reden, verlangt nach einer *deontologischen* Betrachtungsweise und nicht nur nach bloßer Beschreibung. Das heißt nicht mehr und nicht weniger als folgendes: Für das (rechte) Handeln ist die (richtige) Erkenntnis nicht genug.

Man weiß nur allzu gut, wie sehr sich die Pädagogik immer wieder genötigt sah, gegenüber dem ethischen Intellektualismus des Sokrates (und Platons) die faktische Gültigkeit des VIDEO MELIORA PROBOQUE DETERIORA SEQUOR[118] festzustellen, eine Maxime, deren tatsächliche Wirksamkeit auch von der Motivationspsychologie bestätigt worden ist. Aber wieder einmal handelt es sich um eine dualistische Erklärung des Menschen, nicht aber um jene einheitliche Struktur der Person, die durch solche Formulierungen eher verwischt wird. Das Gute sehen und (trotzdem) das Böse tun, dieser Gegensatz ist nur möglich, wenn man einen Bruch oder gar einen Widerspruch zwischen Erkennen und Handeln, Theorie und Praxis, Kopf und Hand ansetzt. Aber das hat nichts mit Personalismus zu tun. Im Gegenteil, es würde erneut und abermals einen Graben aufreißen zwischen dem Unpersonalen (dem Objektiven) – das Gute, die Vernunft – auf der einen Seite und dem Personalen (dem Subjektiven) – der Wille –, auf der anderen Seite, welches dann notwendig als irrational oder wenigstens als nicht rational zu gelten hätte. Für eine personalistische Erziehungstheorie gibt es Handeln nur im Sinne der Hervorbringung von Wert (die Aufwertung der eigenen Person), und darin sind Erkennen und Praxis miteinander

[118] Die Übersetzung dieser Maxime lautet: Obwohl ich das Bessere sehe und billige, folge ich dem Schlechteren. [Anm. d. Übers.]

vereinigt: Man macht sich zu seinem eigenen Lehrer und Meister, auch wenn das immer nur innerhalb der Grenzen der endlichen Person möglich ist (von denen wir oben gesprochen haben). Die Person handelt nur um ihres eigenen Besseren willen, gleichzeitig erkennt sie aber nur im Handeln, was das Bessere für sie ist. Wir formulieren diesen Satz im bewussten Anschluss an Vicos Diktum von dem Ineinanderfallen von VERUM und FACTUM. Es geht also nicht um Intellektualismus *oder* Voluntarismus, nicht um Rationalismus *oder* Irrationalismus, nicht um Objektives *oder* Subjektives; eine Theorie der Person kann es *nur jenseits* solcher antinomischer Schematisierungen geben.

7. Sprache und Wirklichkeit

Kehren wir zu der Aussage zurück: HIC HOMO INTELLIGIT, HIC HOMO COGITAT. Dieses *Hier* unterstreicht unmissverständlich die *Endlichkeit* und damit die *Grenze des menschlichen Erkennens und Denkens.* Auch die heutige Wissenschaft ist weit von dem Optimismus Galileo Galileis entfernt, der dem menschlichen Erkennen die Fähigkeit zusprach, qualitativ (wenn auch nicht quantitativ) an die göttliche Erkenntnis heranzureichen. Heute geht es nicht nur darum einzugestehen, dass der Mensch zwar manches, aber nicht alles über alles weiß; und das heißt einzusehen, dass sich das menschliche Erkennen (dasselbe gilt aber auch vom menschlichen Handeln und Machen, von der Praxis und auch von der Poiesis) innerhalb der Grenzen des Endlichen bewegt und deshalb immer unvollkommen bleibt. Damit wird jeder Absolutheitsanspruch ein für allemal abgewiesen. Verfallen wir damit aber nicht notwendig in den Relativismus und, als seine logische Konsequenz, in den Skeptizismus? Noch einmal müssen wir uns vergegenwärtigen, was wir schon oben gesagt haben: Die Person steht über derart radikalen Antinomien, und zwar nicht deshalb, weil sie nach Kompromissen und nach Synthese verlangt, sondern weil sie als endliche Person jene Alternativen, von denen die Geschichte des wissenschaftlich-philosophischen Denkens überquillt, nicht für gerechtfertigt hält.

Vergessen wir vor allem nicht, dass die *Vernunft,* mit der der Mensch als Mensch erkennt (aber auch handelt und konstruiert) nur zu einem Teil jene logische Vernunft ist, von der Aristoteles in seiner *Logik* und noch gründlicher die Logiker der Scholastik gehandelt haben, indem sie den Syllogismus über alle Maßen hochschätzten und zum Modell für das diskursive Vorgehen erklärten. Der Mensch denkt, HIC HOMO COGITAT, und er erkennt, INTELLIGIT, auch mit anderen Verfahren, die sich als argumentative kennzeichnen lassen und die im Übrigen derselbe Aristoteles in ihrem Wert und in ihrer Funktion deutlich erkannt hat. Die rhetorische Methode, die historisch bei den Sophisten beginnt, bei Isokrates ihre wissenschaftliche Begründung erfährt und sich dann über die Kultur der Römer und über den Humanismus hinweg durchsetzt, hat diesen Verfahren den Vorrang eingeräumt. Gewiss werden die Verfechter einer Erziehung, die ganz und gar im Lernen aufgeht, den logisch-analytischen Verfahren den Vorzug geben wollen. Und so hat auch die These viel für sich, dass schon am Übergang von der kirchlichen Bildung des Mittelalters zu einer Laienbildung eine Tendenz zum Vorschein kommt, die dank ihrer einseitig rationalen Vorgehensweise als eine frühe Vorwegnahme heutiger Lerntechnologien und als eine Antizipation Skinners angesehen werden kann, und zwar vor allem wegen der strengen Linearität und wegen der graduellen Segmentierung des Erkenntnis- und Lernprozesses.[119]

Dennoch darf man nicht außer Acht lassen, was in diesen letzten Jahren Linguistik und Semiologie zutage gefördert haben: dass nämlich das Zeichen nicht nur auf der Bedeutungsebene eine referentielle und denotative Funktion erfüllt, sondern immer auch reich an Konnotationen ist, so dass es darüber hinaus andere Funktionen (ästhetische, partizipative und schließlich auch metalinguistische) ausübt. Nicht einmal, wenn man den Diskurs nur auf grammatikalisch-syntaktischer Ebene und im Hinblick auf reine Textanalyse untersucht, verschließt er sich in seiner Eindeutigkeit (die freilich unerlässlich ist in Hinsicht auf eine korrekte interpersonale Kommunikation), sondern auch dann zeigt er sich im wörtlichen Sinne beflügelt mit Metaphern, Analogien, schließlich gar mit Zweideutigkeiten und mit Unsinn, an denen nicht nur der literarische Diskurs (die Poesie) so reich ist, sondern auch alle Diskurse, die das menschliche Handeln (die Praxis) betreffen.

Es geht hier um die bekanntlich folgenreiche Unterscheidung, die de Saussure zwischen LANGUE und PAROLE getroffen hat und die auch mit der Position Benedetto Croces zu vergleichen wäre, der zwischen

---

[119] Vgl. dazu die hochinteressante Einleitung von Gabriella Ballanti zu den Insegnamenti al figlio di P. Abelardo, Rom 1984.

LETTERATURA und POESIA unterschieden hat. Während diese Unterscheidung von der Antike bis durch das ganze vorige Jahrhundert hindurch dazu gedient hat, von zwei verschiedenen Kulturen zu sprechen, einer wissenschaftlichen und einer humanistischen (diese Trennung zweier Kulturen spiegelt sich auch in der mittelalterlichen Klassifizierung der ARTES in ein Quadrivium und ein Trivium), kann die neuere Forschung, welche davon ausgeht, dass „das Universum der Dinge" ein „Universum linguistischer Zeichen" ist, so dass man nur mittels der (den) Sprache(n) oder in der (den) Sprache(n) über Dinge (RES) oder Objekte reden kann, weder die jeder Sprache eigene Struktur vernachlässigen noch die Funktionen, die sie zu erfüllen hat. Von daher rührt nicht nur das Bedürfnis nach einer Taxonomie der vom Menschen in den horizontalen Bezügen gebrauchten Sprachen (die verbale, die ikonische, die Gestensprache usw.), sondern auch die Notwendigkeit, für jede dieser Sprachen die Codes (und Unter-Codes) zu ermitteln, derer sie sich bedient. Dabei stößt auch diese vertikale Untersuchung auf eine Vielfalt von Ebenen, und sie unterscheidet dann eine sogenannte Allgemeinsprache von der Sprache der Massenkommunikation und den Spezialistensprachen der einzelnen Wissensgebiete. Heute kann deshalb die Unterscheidung dieser zwei Kulturen als überwunden gelten, und stattdessen zieht man eine dynamische Auffassung von der Kultur vor, die insgesamt gerade von dieser Vielfalt der Sprachen lebt. Im Übrigen sind sich die Wissenschaftler heute darüber einig, dass bei ihrer Forschung immer ein gutes Stück Phantasie, Kreativität und Erfindungsgabe am Werke ist, also Tugenden, die vor nicht allzu geraumer Zeit allein der humanistischen Kultur zugestanden wurden und auch dort nur einzelnen Sektoren.

8. Argumentation und Interpretation

All dies führt heute zu der Einsicht, dass die Erkenntnisse (und das Handeln) der Person (HIC HOMO) nicht nur immer relativ zu ihrer Sprache bleiben, die stets PAROLE und nicht nur LANGUE ist (womit die expressive und die signifikative Modalität der Sprache bezeichnet werden); sondern diese Relativität nötigt die Person unweigerlich auch dazu, sich mit sich selber und mit den anderen zu konfrontieren, sei es, um gemeinsam zu einer möglichst einheitlichen Bedeutung der Zeichen zu gelangen, sei es, und das enthält durchaus keinen Widerspruch in sich, um das eigene Erkennen (und so auch das eigene Handeln und Machen, Praxis und Poiesis) auf andere hin auszudehnen, und zwar unter Zuhilfenahme aller Mittel und Instrumente, d. h. im Vertrauen auf die vielfältigen Funktionen der Sprache. Es erscheint fast überflüssig zu sagen, dass die einzelnen Funktionen der Sprache in einem engen Zusammenhang mit dem Ziel stehen, das die Erziehung verfolgt. Ebenso unnötig erscheint es hinzuzufügen, dass die Grenzen, denen jeder Gebrauch der Sprache(n) unterworfen ist, unbedingt Nachprüfungen, Berichtigungen, Ergänzungen, Anpassungen, einer kritischen Analyse, vor allem aber einer *hermeneutischen* Bemühung bedürfen. Das gilt sowohl für den intrapersonalen wie auch für den interpersonalen Bereich.

Die überkommene kulturelle Tradition kannte sehr unterschiedliche Kriterien, mit denen sie das menschliche Wissen auf eine gesicherte Basis zu stellen suchte. Sie reichen von der ADAEQUATIO INTELLECTUS AD REM (Anpassung des Intellekts an die Sache) bis zu der Übereinstimmung der Vielheit denkender Geister in der Einheit des (tätigen oder göttlichen) Geistes und damit der Teilnahme an der Wahrheit (im Sinne Augustins oder Thomas von Aquins). Sie alle beruhten auf der Grundbedingung, dass sich die rationalen Vorgehensweisen von der Opaktheit des Sinnlichen befreiten, sei es durch eine Verbesserung des Intellekts (so der Titel einer der Hauptschriften Baruch Spinozas[120]) oder sei es auf dem Wege der Erkenntniskritik (wie sie Kant geleistet hat), oder sei es, dass man sich auf einen naiven Realismus zurückzog, wie er manchen Positivisten lieb und teuer und wie er vor allem dem sog. gesunden Menschenverstand eigen ist. Nachdem eine lebhafte epistemologische Diskussion stattgefunden hat und diese überkommenen Kriterien einer sehr kritischen Revision unterzogen worden sind, scheint sich der wissenschaftliche Diskurs heutzutage eher an das Kriterium der inneren Folgerichtigkeit und/oder Stimmigkeit zu halten, und in jedem Falle ist er nicht nur bereit, sich einer historisch-empirischen Verifikation zu stellen, sondern auch dazu, sich mit anderen Diskursen auseinanderzusetzen. Das lässt sich auch von jenen Diskursen sagen, die sich entweder einer analytischen Logik bedienen oder den Kriterien strenger Rationalität folgen und deshalb mit einem heute in Italien geläufigen Modewort als *starke Diskurse* bezeichnet werden. Dabei bedient man sich häufig auch mathemati-

---

[120] Der Titel der Schrift lautet: Tractatus de intellectus emendatione et de via qua optime in veram rerum cognitionem dirigitur.

scher Vorgehensweisen, die man für streng wissenschaftlich und deshalb für notwendig hält. Das trifft natürlich nur insofern zu, als man die Gültigkeit ihrer Ausgangsaxiome und -prinzipien anerkennt. Gewiss ist die euklidische Geometrie „wahr", allerdings nur innerhalb der Grenzen jenes Theorierahmens, in dem sie sich ausstrukturiert; dieser unterscheidet sich deutlich von jenem der sphärischen Geometrie oder jenem einer n-dimensionalen Geometrie. Genauso sind bestimmte physische Konsequenzen aus der Korpuskel-Theorie zu ziehen, aber diese unterscheiden sich deutlich von jenen, die sich aus einer Wellentheorie ergeben. Bei diesen Beispielen handelt es sich heute um allgemein bekannte Sachverhalte. Wundern muss man sich nur darüber, dass sie in die Lehrbücher der Schulen immer noch keinen Eingang gefunden haben.

Innerhalb des Rahmens *einer* Theorie kann man durchaus einen Kanon an Lehren und Aussagen ausmachen, der in gewisser Weise auch als objektiv bezeichnet und insofern als lehrbar und mitteilbar angesehen werden kann, sei es mit den Mitteln der Überzeugung, sei es mit jenen der rationalen (oder empirischen) Beweisführung. Dabei wird aber sehr oft übersehen, dass sich diese Erkenntnisse und Lehren allein auf den Rahmen der gewählten Theorie beziehen, was die Möglichkeit grundsätzlich einschließt, dass andere Theorien in einem anderen Rahmen aufgestellt werden können.

Innerhalb der hier genannten Koordinaten ist es berechtigt, von der Relativität wissenschaftlicher Erkenntnis und wissenschaftlichen Wissens zu sprechen; damit meint man, dass es sich niemals um ein endgültiges Wissen handeln kann, auch wenn es sich in geschlossener Form und als scheinbar abschließbar präsentiert. Diese Unabschließbarkeit wissenschaftlichen Wissens macht das ständige Weiterforschen notwendig und zwingt zur Auseinandersetzung, zur Kritik sowie zu innovativen Neuansätzen. Sie zwingt aber auch zum Dialog und zum Gebrauch argumentativer Verfahren.

9. Der erzieherische Bezug

Warum wählt man dann eine Theorie und nicht eine andere? Warum soll man sich für den „Personalismus" entscheiden und nicht für eine andere

Theorie? Wenn es hier etwas Objektives gibt (das zu historisch-empirischen Verifizierungen[121] führen kann), von dem her sich bestimmte Interpretationen machtvoll aufzudrängen scheinen, dann muss man doch mit aller Klarheit sehen, dass es vor allem die Probleme sind, die zur Entscheidung für die eine oder für die andere Theorie ausschlaggebend sind, wenn nicht zugleich auch für die Wahl der Methoden, Vorgehensweisen und Forschungstechniken. Man muss also jeweils diejenige Theorie wählen, die am geeignetsten erscheint, um das anstehende Problem lösen zu können.

Was sind also die essentiellen Fragen, die die Erziehung aufwirft? Gewiss sind es jene, die das Subjekt der Erziehung betreffen. Der Frage nach diesem Wer kann man sich nicht entziehen. Auch in der Umgangssprache und in der Alltagserfahrung findet man bestätigt, dass die Erziehung sich immer dem einzelnen zuwendet und dass eine Erziehung nicht gleich der anderen ist, dass sich keine ein zweites Mal wiederholt, weil jede Erziehung eine Erziehung „nach Maß“ ist. Und noch einmal muss gesagt werden, dass die Erziehung den Konsens und die Zustimmung sucht; Zwang und Nötigung sind ihr wesensfremd. Erziehung ist Möglichkeit, nicht Notwendigkeit, und deshalb unterliegt sie dem Wagnis und Risiko, dass unter Umständen die beste Intention nicht ausreicht und das überzeugendste Programm nicht verwirklicht werden kann. In keiner menschlichen Praxis und am allerwenigsten in jener Praxis, die wir Erziehung nennen, ist einfach die mechanische Regel oder die schlichte Reiz-Reaktionskette *(stimulus-response)* möglich, bei der aus einem gegebenen a notwendig b folgt. Wie könnte es also geschehen, dass das erzieherische Handeln und mehr noch der erzieherisch Handelnde notwendig zu seinem gewünschten Ergebnis gelangt?

Die Gefahren, welche der Erziehung von der Ideologie her drohen, sind oft genug aufgewiesen worden. Manchen erscheinen sie sogar unabwendbar, weil jede Person ihre eigene Weltanschauung hat, die sich einfach aus der Überlieferung ergeben oder aus Gebräuchen herrühren kann, die nicht kritisch hinterfragt wurden, die aber auch aus politischen Kompromissen (bewusst oder unbewusst eingegangenen) oder aus Glaubensannahmen erwachsen kann. Es erscheint notwendig, das erzieherische Verhalten zu allererst zu *entideologisieren*, um zu jener geistigen Klarheit zu kommen, die unerlässlich ist für eine begründete Handlungsentscheidung. Bliebe man aber dabei stehen,

[121] Man vergesse hier nicht, dass auch das Poppersche Falsifikationskriterium eine andere Art und Weise der Verifizierung ist.

hätte man noch lange nicht die *Gefahr des Individualismus* gebannt, nicht jenes solipsistischen, bei dem man sich in sich selbst verschließt und zu einem Dialog mit anderen allenfalls unter dem Vorbehalt der Toleranz bereit ist, und auch nicht jenes gesetzesbrecherischen, bei dem sich der einzelne eine ungeheure Machtfülle anmaßt: politisch, indem man zur Tyrannei oder zum Terror greift, pädagogisch, indem man sich auf die bloße Amtsautorität stützt.

Es liegt nur allzu offen zutage, dass sich der erzieherische Bezug in allen diesen und in ähnlichen Fällen ganz und gar einlinig darstellt, so dass die Abhängigkeit des EDUCANDUS (und Schülers) von einem anderen seine Autonomie beschneidet und gleichzeitig seinen personalen Wert mindert. Ohne die volle Anerkennung des anderen als Person, wie will man da überhaupt von Erziehung reden? Wenn dieser Wert aber, wie wir gezeigt habe, das PRIMUM darstellt, dann ergibt sich die logische Forderung, der erzieherische Bezug habe einen Freiraum zu schaffen und zu gewährleisten, in dem eine dialogische Konfrontation der verschiedenen Standpunkte (auch der Streitpunkte) stattfinden kann, die einerseits vom Erzieher und andererseits vom EDUCANDUS, aber auch von einer sich hartnäckig behauptenden Tradition hier und dem Bedürfnis nach Veränderung wie nach Innovation dort vertreten und vorgebracht werden.

10. Eros und Logos

Es wäre zu wünschen, dass der Mensch sich zu diesem Zwecke der argumentativen Rede zu bedienen weiß, auch wenn damit erneut die Gefahr aufscheint, man könnte in individualistische und utilitaristische Verhaltensweisen verfallen. Diese Gefahr hat schon die griechische Sophistik heraufbeschworen, und zwar auf praktischer ebenso wie auf theoretischer Ebene. Heute erscheint es zudem möglich, mit Hilfe einer sicheren Beherrschung der argumentativen Techniken zu einigen Ergebnissen zu gelangen, vor allem im Bereich von Politik, Handel und Werbung, die, weit davon entfernt, in Begriffen der Vernunft und Vernunftgemäßheit gefasst zu werden, eher als psychagogisch bezeichnet werden müssen, weil sie sich einer geheimen Verführung schuldig machen. Die Möglichkeit eines manipulativen Gebrauchs der Sprache ist unstreitig gegeben, und man kann sie in rein utilitaristischer Absicht zur Erreichung vorher genau festgelegter Ziele einsetzen. Man vergesse auch nicht die Faszination, die in der Erziehung und noch mehr in der Schule auf den EDUCANDUS ausgeübt werden kann: auch eine emotionale Anstachelung führt zu Ergebnissen, und sie ist von Fall zu Fall sogar wirkungsvoller als die strenge Beweisführung eines mathematischen Theorems, auch wenn man hier, wenigstens in extremen Situationen, eigentlich von einem „Plagiat" zu sprechen hätte.

Halten wir noch einmal fest: Die Person ist weder nur LOGOS (das heißt logisch-diskursive Rationalität) noch reiner EROS (hier: Emotionalität, Affektivität etc.). Für sie gilt stets ein ET-ET, ein sowohl als auch. Dies verlangt, dass man nicht auf dem Wege der Überredung voranschreiten darf, sondern auf dem der Überzeugung, so dass das Argumentieren, beruht es auch nicht ausschließlich auf reiner Vernunft, immer in der Lage sein muss, seine eigene Vernunftgemäßheit zu zeigen, d. h. den Grundsatz der Widerspruchsfreiheit gelten zu lassen. Die Vernunftgemäßheit des Argumentierens bleibt auch dann gewahrt, wenn es sich analogischer Verfahren bedient und selbst dann, wenn die Analogie sich auf das Metaphorische und Symbolhafte ausdehnt. Was ist denn ein linguistisches Zeichen, wenn nicht „etwas", das für etwas anderes steht und das dennoch nicht dessen Kopie, sondern bloß ein Bild ist und so die unumgängliche Konsequenz einer hermeneutischen Auslegung und Interpretation nach sich zieht.

Von „Überzeugung" kann pädagogisch nur gesprochen werden, wenn es gelingt, einen pädagogischen Freiraum zu schaffen, in dem sich konkret die Begegnung zwischen Erzieher und EDUCANDUS, scheint sie am Anfang auch eher als Entgegnung, abspielt. Ohne einen solchen Freiraum gibt es nur den Autoritarismus dessen, der einem anderen, der zum bloßen Empfangen und Wiederholen verdammt ist, etwas auferlegt und überträgt. Oder es gibt nur einen Spontaneismus, der vermeint, allein an die „Natur" appellieren zu dürfen. Weder in dem einen noch in dem anderen Falle gibt es die Gelegenheit, eventuelle Divergenzen und Verschiedenheiten (Meinungen, Theorien, Weltanschauungen) aufeinanderprallen zu lassen und diskutieren zu können.

11. Pflicht zur Erziehung

Mitunter stößt man beim EDUCANDUS auf eine gewisse „Unreife“, die sich darin zeigt, dass er nicht zu seiner personalen Identität zu gelangen vermag, oder die sich in jener Unnormalität äußert, von der die Humanistischen Psychologen sprechen.[122] In diesen Fällen ist offenbar zuerst eine Art „Normalisierung“ erforderlich, die auch ganz entschieden therapeutische Züge annehmen kann. Auch im Normalfall ist es möglich, dass der EDUCANDUS, insbesondere in bestimmten Phasen seiner biophysiologischen Entwicklung, eine ausgesprochene Protesthaltung gegenüber dem Erzieher einnimmt, wobei er eine solche Widersetzlichkeit als „natürlich“ ansieht, weil sie seiner „Natur“ zu entsprechen scheint. Aber auch wenn es nicht zu einer solchen radikalen Opposition kommt, muss man die Verschiedenheit der Standpunkte ausdrücklich als positiv annehmen, denn sie ist an die im höchsten Maße personale Art und Weise gebunden, in der ein jeder seinen ureigenen „Wert“ zum Ausdruck bringt.

Es liegt auf der Hand, dass der erzieherische Freiraum in erster Linie die Möglichkeit bietet, dass beide – Erzieher und EDUCANDUS – ihr eigenes Personsein als Wert bezeugen. Das führt zum gegenseitigen Respekt und zur Anerkennung der gleichen personalen Würde bei Erzieher und EDUCANDUS. Diese Anerkennung und Respektierung bildet die im echten Wortsinne personalistische Grundlage für jede weitere Überlegung. Damit der pädagogische Entwurf die angemessene Zustimmung finden kann, muss man ihn auf seine Ziele, auf seine Verfahrensweisen, auf die Instrumente, derer er sich bedienen will, und auf seine möglichen Konsequenzen hin untersuchen. Diese Untersuchung bedeutet von neuem Gegenüberstellung, Vergleich, Kritik, historisch-empirische Analyse und die Verortung der einzelnen Teile in einem Ganzen.

Wenn der gefundene Konsens tatsächlich auch verwirklicht werden soll, ist dafür eine Grundvoraussetzung, dass der Erziehungsentwurf auf einem gemeinsamen „Fühlen“ und an einander Anteilnehmen beruht. Seine Inhalte und das Bündel an methodischen Vorgehensweisen sind dabei stets diejenigen Variablen, die am meisten von der konkre-

122 Vgl. dazu vor allem das oben angeführte Buch Abraham H. Maslows, besonders die Kapitel 15 und 16.

ten existentiellen Situation und von den jeweils gangbaren Wegen abhängen.

Dialog, Überzeugung und *Konsens:* Und darum unumgänglich Pluralismus des Handelns oder, wie man auch zu sagen pflegt, kultureller Pluralismus! Dieser ist nicht allein aus dem Blickwinkel der Kulturanthropologie zu sehen, sondern von der Pädagogik her, die ihr Augenmerk auf sein Zustandekommen richtet und deshalb entschieden auf die Erreichung von Konsens, Überzeugung und Dialog hinarbeitet.

Hier vereinigt sich das Sollen mit dem Sein, und zwar mit Hilfe des Könnens. Diese Rückbesinnung auf das ESSE-POSSE-VELLE, wie es die Renaissance als tief in die Person eingelassen ansah, lässt uns auch das strukturelle Band zwischen Gegenwart und Zukunft sowie zwischen der aktuellen Existenz und der Existenz als Entwurf knüpfen. Indem man lebt, hat man die Möglichkeit, Ziele zu verwirklichen, und diese kommen in einer personalen Dynamik zum Ausdruck, welche die Person immer besser auf die Anforderungen ihrer Individualität antworten lässt, in der ihr personaler Wert beschlossen liegt. Diese Identität wird nicht ein für allemal aufgebaut; sie ist andauernd aufs neue zu bestärken, zu bewähren und noch zuvor als ein Lebensplan zu entwerfen. In diesem wird die Verantwortung für den Menschen eins mit seiner Verpflichtung zur Erziehung.

Vom Autor dieses Buches liegen folgende Schriften in deutscher Sprache vor:

Die Theorie und Methode Maria Montessoris in der italienischen Pädagogik der 70er Jahre, in: „Das Kind“. Sondernummer, Frankfurt a. M. 1971, S. 20-21.

Geschichte der Pädagogik und pädagogische Theorie, in: Geschichte der Pädagogik und systematische Erziehungswissenschaft, hrsg. v. Winfried Böhm und Jürgen Schriewer, Stuttgart 1975, S. 11-19.

Pädagogik und Methode Maria Montessoris in der italienischen Pädagogik der Gegenwart, in: Beiträge zur Montessori-Pädagogik 1977, hrsg. v. Paul Scheid und Herbert Weidlich, Stuttgart 1977, S. 86-92.

Die italienische Pädagogik im 20. Jahrhundert, in: Rassegna di Pedagogia, 36 (1978), Nr. 1-2-3.

Der pädagogische Existenzialismus in Frankreich und Italien, in: Rassegna di Pedagogia, 36 (1978), Nr. 4 und 37 (1979), Nr. 1-2-3.

Giuseppe Lombardo-Radice - ein antifaschistischer Reformpädagoge? In: Rassegna di Pedagogia, 37 (1979), Nr. 4.

Die Entwicklung der Pädagogik und ihrer Historiographie in Italien, in: Die historische Pädagogik in Europa und den USA. Band 1, hrsg. v. Manfred Heinemann, Stuttgart 1979, S. 119-133.

Zus. mit Winfried Böhm (Hrsg.): Die italienische Pädagogik des 20. Jahrhunderts, Stuttgart 1979.

Zus. mit Winfried Böhm (Hrsg.): Die Pädagogik der frankophonen Länder im 20. Jahrhundert, Stuttgart 1980.

Vorschulerziehung in Italien, in: Rassegna di Pedagogia, 38 (1980), Nr. 1-2.

Menschenbild und Menschenbildung. Aspekte einer Philosophie der Erziehung, in: Die Pädagogik und ihre Bereiche, hrsg. v. Wilhelm Brinkmann und Karl Renner, Paderborn 1982, S. 121-132.

Friedensmodelle und Friedenserziehung, in: Montessori-Pädagogik und die Erziehungsprobleme der Gegenwart, hrsg. v. Birgitta Fuchs und Waldtraud Harth-Peter, Würzburg 1989, S. 106-111.

Die Erziehung der Person. Grundlegung einer personalistischen Erziehungstheorie, Stuttgart 1991.

Rousseau und die Widersprüche der modernen Zivilisation, in: Winfried Böhm/ Frithjof Grell (Hrsg.): Jean-Jacques Rousseau und die Widersprüche der Gegenwart, Würzburg 1991, S. 39-48.

Gründe für eine Pädagogik der Menschenrechte, in: Erziehung und Menschenrechte, hrsg. v. Winfried Böhm, Würzburg 1995, S. 11-23.

Die Person als Prinzip der Erziehung, in: Wilhelm Brinkmann und Waltraud Harth-Peter (Hrsg.): Prinzip Person. Über den Grund der Bildung, 2002, S. 37-51.

Pädagogik - warum und für wen? In: Winfried Böhm (Hrsg.): Pädagogik - wozu und für wen? Stuttgart 2002, S. 24-42.